NORBERT GOLLUCH

Sorry, meine Katze hat den Staubsauger angemacht

Weitere Titel des Autors sind als E-Books verfügbar:

Egal wie dicht du bist, Goethe war dichter
Kaffee To Go – Auch zum Mitnehmen!
Machen Sie Ihren Scheiß doch selber!
Sie haben Ihr Ziel erreicht!
Total vergurkt
Unschuldslamm kommt ungeschoren davon
Was ist grün und steht vor der Tür? Ein Klopfsalat!

**Über den Autor:**

Norbert Golluch hat zahlreiche Sachbücher, Kinderbücher und eine Vielzahl humoristischer Texte veröffentlicht, zuletzt den Bestseller »Stirbt ein Bediensteter während der Dienstreise, so ist die Dienstreise beendet. Meisterleistungen der Beamtensprache«. Er lebt mit seiner Familie bei Köln, die Katze hilft leider nur sporadisch bei der Hausarbeit.

Norbert Golluch

# Sorry, meine Katze hat den Staubsauger angemacht

Die irrwitzigsten Geschichten aus dem Homeoffice

lübbe

Dieser Titel ist auch als E-Book erschienen

MIX
Papier aus verantwortungsvollen Quellen
FSC® C014496

Originalausgabe


Textredaktion: Elisa Valérie Thieme, Düsseldorf
Umschlagmotive: © shutterstock.com: Dubrovina Olga | shockfactor.de | chompoo
Umschlaggestaltung: ZERO Werbeagentur, München
Illustrationen von Heike Wiechmann
Satz: hanseatenSatz-bremen, Bremen
Gesetzt aus der Officina Sans
Druck und Verarbeitung: GGP Media GmbH, Pößneck
Printed in Germany
ISBN 978-3-404-61731-9

2 4 5 3 1

Sie finden uns im Internet unter luebbe.de
Bitte beachten Sie auch: lesejury.de

# Inhalt

# Herzlich willkommen im Homeoffice

»Early to bed and early to rise, makes a man healthy, wealthy and wise.« Der kluge Satz des Schriftstellers, Naturwissenschaftlers, Erfinders und Staatsmannes Benjamin Franklin ist – was das Homeoffice betrifft – nur bedingt richtig. Wann du aufstehst, ist im frühen 21. Jahrhundert zwar nicht vollkommen unwichtig, doch musst du heutzutage natürlich nicht mehr um fünf Uhr morgens die Kühe melken, die Hühner füttern und den Herd anheizen. Glück gehabt!

**Jetzt zählt nur, dass du überhaupt aufstehst.**

Denn nur dann werden deine Wünsche wahr. Hast du nicht immer davon geträumt, zu Hause zu arbeiten? Wolltest du nicht sogar schon einmal selbstständig werden, um dieses Ziel zu erreichen? Dieser Wunsch geht jetzt möglicherweise für dich in Erfüllung, und das selbstorganisierte Paradies mit genau passgenauer Work-Life-Balance scheint in greifbare Nähe gerückt. Deine neue Organisationsform könnte sich jedoch auch als ein zwiespältiges Geschenk erweisen, ein modernes Trojanisches Pferd sozusagen. Aber mach dir keinen Kopf – du kriegst das schon in den Griff!

IN DER
VIDEO-KONFERENZ

# Was du über das Homeoffice wissen solltest

Es verhält sich wie mit der abstrakten Kunst: Unbeteiligte behaupten im Brustton der Überzeugung: Zu Hause arbeiten, das kann doch jeder. Ha, Pustekuchen! Die nachfolgenden Kapitel werden zeigen, wie dünn das Eis ist, auf dem du dich bewegst, wenn du deinem Beruf in den eigenen vier Wänden nachgehen willst. Überall verstecken sich Gefahren, hinter jedem Sofakissen, sogar unter dem Läufer im Flur lauert das Verderben. Na gut, so dargestellt ist es etwas übertrieben, es geht dir nicht gleich an den Kragen, aber es ist immerhin eine Art von Verderben *light* – Arbeiten im Homeoffice – das verlangt schon eine besondere Form von Aufmerksamkeit, ja Achtsamkeit von dir. Aber achtsam musst du in diesen Tagen ohnehin sein, und alles wird gut, wenn du dich an die folgenden Richtlinien hältst.

## Oberste Regel: Das Aufstehen nicht vergessen!

Aus der Tatsache, dass es für dich keine nennenswerten Wege mehr zur Arbeit gibt, könntest du den irrigen Schluss ziehen, dass du jetzt uuunendlich lange im Bett liegen bleiben kannst. Aber das kannst du knicken! Die dreißig Minuten, die du sonst im ÖPNV an der Haltestelle gewartet, in der U-Bahn um einen Sitzplatz gekämpft oder im eigenen Automobil auf der Stadtautobahn im Stau gestanden hast, pennst du – salopp gesagt – in Nullkommanix weg. Waaas, schon 10 Uhr?!? Alles zu spät – da könnte man doch gleich ganz liegen bleiben, oder? Keine gute Lösung, du Spätstarter! Seit du im Homeoffice arbeitest, hast du auch einen bisher ganz entscheidenden Merksatz in deinem inneren Ordnungssystem vergessen:

**»Mensch, ich muss ins Bett!
Ich muss morgen früh raus!«**

Kein Wunder also, dass du jetzt morgens länger schlafen willst. Aber mit dieser Veränderung in deiner Lebensführung bist du wohl nicht allein.

## Die Sache mit dem Biorhythmus

Dass das flächendeckende Arbeiten im Homeoffice etwas verändert, bemerkten die Wasserwerke deutscher Großstädte in messbarer Weise. Die sogenannte Duschspitze, eine deutliche temporäre Erhöhung des Wasserverbrauchs, verschiebt sich durch die Mitarbeiter zu Hause um bis zu neunzig Minuten in den Vormittag hinein – wer im Homeoffice arbeitet, schläft länger – oder duscht zumindest später. Damit bist du also nicht allein.

Kritische Zeitgenossen vermuten hier den Beweis dafür, dass die bisherige Art und Weise zu arbeiten gegen den natürlichen Biorhythmus verstieß. In ähnlicher Weise wirkt sich das Verhalten von Schülern und Schülerinnen aus, die Präsenzunterricht durch Homeschooling ersetzen konnten. Auch sie duschen lieber deutlich später. Homeschooling und Homeoffice sind also erste Schritte in Richtung einer verbesserten *Work-Life-Balance* – und das schon am frühen Morgen. Denn:

**Es geht auch ohne Stechuhr! Mit allzu frühen Anrufen musst du nicht rechnen, die anderen Kollegen im Homeoffice schlafen auch länger.**

Also kannst du erst mal in Ruhe frühstücken. Biorhythmus hin oder her: Skeptiker sehen in diesen Erkenntnissen allerdings den ersten Hinweis darauf, dass das Homeoffice der Einstieg in ein allgemeines, mit der Zeit immer weiter um sich greifendes Lotterleben sein könnte – spätes Aufstehen passt einfach nicht zum Rollenbild von fleißigen Menschen ...

## Auch Heimarbeiter können zu spät kommen!

Die vorangegangenen Überlegungen dürften dir klargemacht haben: Auch Heimarbeiter können zu spät zur Arbeit kommen – und sie haben weniger Ausreden dafür. Einen Stau zwischen Schlafzimmer und Bad glaubt dir niemand. Und mit Ausreden wie »Mein Bett war so unheimlich kuschelig!« oder »Mein Digitalwecker hat wohl einen Virus!« brauchst du es gar nicht erst zu versuchen. Zum einen haben auch andere Menschen wie deine Kolleginnen und Kollegen sowie die lieben Vorgesetzten unverschämt kuschelige Betten, zum anderen ist die Nummer mit dem Wecker so fadenscheinig wie in früheren Zeiten die Aussage: »Meine Straßenbahn hatte einen Platten!«

BAD
Sorry Chef, ich stehe seit einer halben Stunde im Stau...

## Der Dresscode gilt!

Nun hast du also den Sprung aus deinem warmen Daunenbett hinaus in die kalte Wirklichkeit geschafft – oder genauer gesagt: Gesprungen bist du nicht, sondern hast dich mühsam in die Senkrechte gekämpft und sitzt jetzt wie ein nasser Sack auf deiner Bettkante und überlegst, wie du möglichst ohne große Anstrengung an einen Kaffee kommst und dann ohne weiteren Aufwand an deinen Arbeitsplatz ... Auch wenn es noch früh ist, mach dir klar: Keine Umwege, keine Erleichterungen, weder der völlige Verzicht auf eine angemessene Bekleidung noch eine geniale Zwischenlösung kommen jetzt für dich infrage. Der Dresscode gilt noch immer. Das sagen zumindest die Experten. Weg mit dem Nachthemd, raus aus dem Schlafanzug! Nein, gepunktete Boxershorts gehen nicht als *Business Outfit* durch.

**Der Beruf fordert professionelle Textilien.**

Vergiss auch die Variante »Oben hui, unten pfui!«. Die Kombination Businessjackett und lustig bedruckte Unterhose diskreditiert dich zwar nicht beim ersten Blick durch die Webcam, aber du wirst den ganzen Tag dieses Gefühl nicht los: mit nacktem Hintern im Supermarkt. Und was ist, wenn du mal aufstehen muss und vergisst, die Kamera abzuschalten?

- Ja, richtig, im Laufe des Tages kann es schon mal zu Konflikten zwischen privatem und öffentlichem Outfit kommen. Windeln wechseln mit High Heels zum Beispiel wirkt irgendwie ziemlich *strange*, und das gilt natürlich auch für Kartoffelschälen im Business-Outfit ... Da musst du durch.

## Unbedingt beachten: Frisur, Kosmetik, Körperpflege

Wenn du allein im Homeoffice werkelst, spielt es keine große Rolle, wie du aussiehst. Du machst deinen Job, und letztlich zählt nur das Ergebnis. Trotz Dreitagebart stimmen deine Bilanzen, und die Qualität deiner Korrespondenz leidet nicht unter deiner Staubwedelfrisur. Alles wird anders und weitaus komplexer, sobald ein spontanes Meeting per Videoschalte einberufen wird. Deine Gesamtwirkung vor der Kamera setzt sich dabei aus grundverschiedenen Komponenten zusammen. Kleidung ist nur ein Aspekt – auch die folgenden Punkte solltest du beachten:

- Selten sieht dich jemand so intensiv an wie in den Minuten, in denen du vor der Kamera sitzt. Deine Gesamtwirkung wird nicht zuletzt auch von deiner Haartracht mitbestimmt. Klar, es kann sein, dass ein guter Friseursalon für dich unerreichbar ist. Es herrscht zum Beispiel gerade Pandemie, oder deine Friseurmeisterin hat sich einen Arm gebrochen. Deine Angebote für eine illegale »Schwarzfrisur« bei dir zu Hause waren wohl zu niedrig, oder dein Coiffeur bzw. deine Haarkünstlerin sind gesetzestreu. Do it yourself! Erste Maßnahme – stell dir eine entscheidende Frage: Wann hast du dir zuletzt die Haare gewaschen? Eben! Frisch abbrausen, danach greifst du zu Kamm und Bürste, Gel und Lockenstab. Wenn dir das alles zu aufwendig ist, sorge dafür, dass eine zu dir passende Perücke oder auch mehrere immer griffbereit liegen. So kannst du deine Haarpracht ganz nach Gutdünken wählen, und das in Sekundenschnelle.

- Todesmutige männliche Heimarbeiter können auch ihre Partnerin verführen – zu einem Do-it-yourself-Cut. Haarschneidemaschinen gibt es im Versandhandel, und es bedarf nicht allzu großer Überredungskünste, eine Frau zu einem Haarschnitt mit einem solchen Gerät zu überreden. Mehr noch: Frauen scheinen eine Art sadistische Lust zu verspüren, wenn sie ihren Mann mal obenherum bearbeiten und nach ihren eigenen Wünschen verunstalten können ... Lass also, lieber Homeoffice-Mitarbeiter, alle Hoffnung fahren und wage den entscheidenden Schnitt ... äh Schritt. Beim ersten oder zweiten Mal entsteht in den männlichen Gipfelregionen ein verheerender Kahlschlag, aber die Webcam ist schlecht genug, um nicht das ganze Ausmaß der Verwüstungen zu übertragen. Erstaunlicherweise gibt es aber auch Fälle, in denen bereits der erste Haarschnitt durch die Partnerin ausgezeichnet gelingt – es muss wohl Liebe sein.

- Wenn du ernst genommen werden willst, solltest du dich dezent und typgerecht schminken. Vermeide grelle Farben und allzu große Spinnenbeine an deinen Augen, es sei denn, du arbeitest für einen Erotikkonzern der unteren Preisklasse. Theater- oder Karnevalsschminke sind nur dann am Platze, wenn du für eine Firma tätig bist, die Theater- und Karnevalsschminke verkauft.

- Sei dir darüber im Klaren, dass die Kamera deinen Hautunreinheiten bedenklich nahe kommt. Mache es deshalb so, wie es bei der Reparatur von Bundesautobahnen üblich ist: Beschädigungen der Oberfläche großzügig zuspachteln. Oder steh einfach zu deinem natürlichen Aussehen.

- Die Benutzung von Deodorants ist im Online-Meeting nicht zwingend erforderlich, die Geruchsübertragung ist schließlich noch nicht erfunden. Solange es dir und deinen Haustieren in deinem Duftuniversum gut geht, musst du auch noch nicht duschen. Grenzwertige Geruchskonstellationen erkennen deine Kollegen nur am Gesichtsausdruck von Personen, die dich zufällig in deinem Homeoffice besuchen und in die Kamera laufen, und an deren Lautäußerungen, etwa: Uääh!

## Webcam, Webcam an der Wand, wer ist die Beautyqueen im Land?

Gutes Aussehen scheint wichtiger denn je, und natürlich boomen Schönheits-OPs. Kollegen, die vor der Webcam keine besonders gute Figur machen, gehören zu den möglichen Kunden der Messerkünstler, und manch einer kommt auf die geniale Idee, den Jahresurlaub für eine Renovierung zu nutzen – eine Renovierung der eigenen Person. Die Schönheitsindustrie wirbt damit, dass ästhetisch korrigierte Patientinnen und Patienten als sympathischer, attraktiver und maskuliner/femininer wahrgenommen werden – was exakt die Interessenlage für das Erscheinungsbild Homeoffice trifft.

Herabhängende Augenlider und obendrein die schiefe Nase wurden bei Sandra Schlicht-Drösig (42) korrigiert, eine wenig ausgedehnte Brustpartie und allzu schmale Lippen wurden wenig später mithilfe von Silikon optimiert – so stark optimiert, dass sich nicht nur die Kollegen in den Online-Meetings anerkennend äußerten und sie zur Mitarbeiterin des Monats für den Pin-up-Kalender der Firma wählten, sondern auch Ehegatte Wiglaf Drösig (44) in neuer Liebe entbrannte …

Ein anderes Beispiel: Kollege Neufelder (53), frisch geliftet, mit Haartransplantaten an den Geheimratsecken, neuer Nase und ohne Schlupflider aus dem Urlaub zurück, muss sich in der ersten Konferenz nach der Auszeit vom Chef fragen lassen: »Wer sind Sie denn, und was haben Sie in unserem Meeting zu suchen?«

## Besser nicht blau

Auch wenn es am vergangenen Abend ziemlich wild zugegangen ist und dich ein furchtbarer Kater plagt – entsage dem Teufel Alkohol. Profis arbeiten ohne Promille! Es heißt zwar, dass man genau damit beginnen soll, womit man am Abend zuvor aufgehört hat. Aber Single Malt Whiskey schon zum Frühstück? Oder besser Vodka Jelzin und Gorbatschow? Es müssen keine harten Sachen sein. Schon ein kleines Stützbier am Morgen bringt dich auf den Weg – zur Alkoholerkrankung.

### *Die virtuelle Kneipe*

Allgemein gilt: Vermeide es besser, dein Homeoffice in eine Art virtuelle Stammkneipe zu verwandeln. Man merkt dir an, dass du getrunken hast, auch wenn niemand es riechen kann. Deshalb sollten Dekorationsgegenstände wie leere Gläser und Bier-, Sekt- oder Schnapsflaschen auch im Blickwinkel deiner Webcam keine entscheidende Rolle spielen. Bedenke auch, dass akustische Informationen übertragen werden. Das Geräusch einer umgestoßenen leeren Bierflasche erkennt dein Chef mit Sicherheit, und wenn er es während eurer Kontakte häufiger hört, kannst du dir bald nur noch Plastikflaschen leisten. Auch wenn sich deine Freunde nicht im sichtbaren Bereich der Kamera aufhalten, verrät das spezifische Zischgeräusch beim Öffnen des Kronkorkens einer Bierflasche deinem Vorgesetzten alles übersteigende Pegel während der Arbeitszeit. Gleichgültig, welchen Beruf du ausübst: Halte dich lieber an den Merksatz, der auf allen Rote-Kreuz-Rettungswagen gilt (oder gelten könnte):

**Trink lieber später, Sanitäter!**

*Professionelles Trinken: Alkohol mit Kunden*

Noch ein gewaltiger Vorteil für die Mitarbeiter im Homeoffice: Anstrengende berufliche Besäufnisse, vor allem im Handel mit Ostasien gang und gäbe, bleiben dir erspart. Da aber zum Beispiel japanische Geschäftsreisende nicht ohne einen anständigen Absturz in Abschlusslaune zu bringen sind, solltest du versuchen, dich digital mit ihnen zu betrinken. Verabrede dich mit ihnen zu einem kleinen Online-Umtrunk, stoß fleißig mit ihnen an – sie nehmen Reiswein, du Mineralwasser. Lass sie fleißig »Kanpai!« (»Zum Wohl!«) oder »Ganbai!« (»Trockenes Glas!« = »Auf Ex!«) rufen, lächle unentwegt, proste ihnen auf dem Monitor munter zu, bis sie irgendwann unter den Tisch sinken – ein Ereignis, das die Webcam live für dich überträgt. Am nächsten Tag werden sie dir die unterzeichneten Vertragsunterlagen zukommen lassen mit dem Hinweis, das sei ein »Subarashí nomimono« (»großartiger Umtrunk«) gewesen.

Wichtig: Den bei uns üblichen Trinkspruch »Chin Chin« solltest du unterlassen. Auf Japanisch sollen diese beiden Worte nach Auskunft Weitgereister etwa so viel wie »Genitalien« bedeuten. Das könnte die Onlinekonferenz in die Cybersex-Richtung abdriften lassen. Der Google-Übersetzer kennt solche Zusammenhänge allerdings nicht, es kann sich womöglich um Insiderwissen handeln.

## Vergiss die Pausen nicht!

Na endlich – du hast die Startschwierigkeiten am Morgen überwunden und bist jetzt auf Betriebstemperatur. Nur allzu leicht tendierst du wie viele andere Menschen im Homeoffice dazu durchzuarbeiten, vom Businessfrühstück morgens mit dem Brötchen zwischen den Zähnen über das Arbeitsessen mit der Marketingabteilung vor dem Monitor. Tea time und Kaffeepause am Nachmittag sind viel zu unbedeutend, als dass man daran denken würde ...

Um 17:00 Uhr machst du – total fertig – Feierabend? Keineswegs, denn am Abend musst du noch einen der besten Kunden beim Online-Dinner bespaßen ... Puh, denkst du irgendwann am Ende deines Arbeitstages, kann das nicht jemand anders machen? Habe ich denn nie Feierabend? Ach nein, das wird nichts, die anderen haben alle schon abgeschaltet. Nur der Chef ist noch online. Was meint der dazu? »Meine liebe Frau Lichtenblick! Was wollen Sie eigentlich? Da haben Sie sich den ganzen Tag über im Homeoffice ausruhen können und beschweren sich, wenn Sie mal am Abend etwas für die Firma tun sollen ... Glauben Sie, Ihr Gehalt fällt vom Himmel?«

**Mache also lieber rechtzeitig Pause.**
**Arbeit gibt es noch genug.**

## Die Ruhe am Arbeitsplatz

Hast du je bemerkt, wie viel Krach das ganz gewöhnliche Familienleben macht? Wer nicht zu Hause arbeitet, merkt es nicht, denn er hilft fleißig mit, Alltagslärm zu produzieren. Was für eine Geräuschkakophonie an einem durchschnittlichen Tag in einer durchschnittlichen Wohnung herrscht, merkt erst, wer arbeiten und sich konzentrieren muss. Staubsauger, Küchenmaschinen, Klingeln an der Haustür, Rasierapparate, bellende, fauchende, keckernde und kreischende Haustiere mit Fell und Federn, abseitige Klingeltöne, grenzwertige Musikdarbietungen aus Bluetooth-Folterlautsprechern, Waffengeklirr, Lustgestöhn, Todesschreie und der Sound brechender Knochen aus Streaming-Serien Typ *Game of Thrones* und dazu noch eine Vielzahl von echten menschlichen Stimmen, plappernd, keifend, singend und jammernd – ja, das alles gehört zur akustischen Atmosphäre einer durchschnittlichen Familie. Und in deinem Kopf formt sich eine gigantische, allgemeingültige Formulierung aus, die irgendwann aus dir hervorbricht: HALTET DOCH ALLE MAL DIE KLAPPE!

## Prima Klima oder Aroma di coma?

Menschen machen nicht nur Lärm, sie verbreiten auch Gerüche. Die Anwesenheit einer größeren Zahl von Menschen hat schon eine deutliche Auswirkung auf die Raumluft. Wenn du vierundzwanzig Stunden in den gleichen vier Wänden verbringst, also wie beim Homeoffice in der eigenen Wohnung, solltest du, spätestens wenn der eigene Hund Atembeschwerden zeigt und der Postbote, der mal eben hereinschnuppert, nachfragt, ob er mal den Müll mit runternehmen sollte, die Fenster öffnen! Dann weißt du: Es ist so weit:

**Frischluft nicht vergessen – sonst stinkt es dir.**

Und nicht vergessen: Je dicker die Luft, desto schlechter funktioniert womöglich auch dein Gehirn – und umso besser entwickeln sich Bakterien und Viren.

## Achtstundentag? Nichts da, 24/7!

Seltsamerweise ist es nicht dein Chef, der dich in diese Falle treibt. *Du* kannst einfach nicht aufhören! Zu nah, viel zu nah liegt alles vor dir, viel zu einfach zu erreichen, um dich geistig von den Problemen freizumachen. Bisher war deine Wohnung eine Art privates Naturschutzgebiet, jetzt stolperst du alle Augenblicke über irgendetwas, das mit deiner Arbeit zu tun hat. Nicht schlimm, hast du anfangs gedacht, man ist ja ein engagierter Mitarbeiter. Ja, es stimmt schon, jede Woche hat rein rechnerisch volle 168 Stunden, aber davon solltest du höchstens 40 zu deiner Arbeitszeit rechnen. Mehr bringt es nicht – weder auf dem Weg zu deiner ganz großen Karriere – es sieht ja keiner, was du im Homeoffice leistest – noch für deine Zufriedenheit mit deinem Job. Ganz im Gegenteil. Vermutlich schon nach ein paar Wochen dämmert es dir, dass du dich auf einer ziemlich fragwürdigen Reise befindest: Du bist unterwegs in einer Art virtuellem Roadmovie. Vom Cockpit deines provisorischen Schreibtisches aus lenkst du deinen *Business Racer* über die endlosen 500 Meilen deines neuen Berufslebens – direkt von der *Loser Street* zum *Burnout*

*Highway*. Die *Pole* erreichst du nie auf diesem *Speedway* – so kannst du nicht gewinnen ...

## Ein ganz besonderer Fluchtversuch

Manchen Heimarbeitern wird es einfach zu viel, und sie versuchen, sich der Dauerbelastung im Homeoffice durch kleine Fluchten zu entziehen. So Boris Brenzlicher, Referent in der Organisationsentwicklung. Sein Fluchthelfer war in seinem Fall ein Pappkamerad: ein lebensgroßes Porträt von ihm, Boris Brenzlicher, aufgezogen auf einen FSC-zertifizierten Aufsteller aus Recyclingpappe, in der Messebaufirma, für die Herr Brenzlicher tätig war, in großer Stückzahl verfügbar. Motiv des gelungenen Porträts: »der konzentriert nachdenkende Mitarbeiter« – hochauflösend und professionell fotografiert, vor der Webcam kaum vom Original zu unterscheiden. Vielleicht wäre der Schwindel gar nicht weiter aufgefallen, hätte nicht Barko Brenzlicher – nein, nicht der Sohn, der Hund des Mitarbeiters, das Ding umgerissen ... Dahinter unendliche Weiten, nichts als Leere? Nein, nur die unaufgeräumte Wohnung – und der leibhaftige Boris Brenzlicher aus Fleisch und Blut, vom Lärm von seinem Sofa aufgeschreckt, in Unterhosen und auf Pantoffeln, ratlos in die Kamera blickend zwischen angekauten Hundeknochen und leeren Bierdosen ...

## Die Geschichte des Homeoffice

Aber gehen wir noch einmal ein wenig zurück: Das Homeoffice, wie wir es heute kennen, hat keine besonders lange Geschichte vorzuweisen. Ohne die neuzeitlichen Kommunikationsmöglichkeiten geht eigentlich nichts – bis in die 1970er-Jahre konnten sich Heimarbeiter und Zentrale nur telefonisch verständigen – Homeoffice konnte man die damals üblichen Anfänge noch nicht nennen.

Zu Hause gearbeitet wurde allerdings schon weitaus früher, nämlich im Mittelalter und in etlichen Jahrhunderten davor. Viele Handwerksberufe in den Städten jener Tage – zum Beispiel Schneider, Schuster, Bäcker und Schmied – hatten Wohnung und Werkstatt in einem Haus, kleine Kaufleute wohnten und arbeiteten am selben Ort, allerdings nicht unmittelbar in den Wohnräumen.

Genau das geschah schon zu mittelalterlichen Zeiten bei den tatsächlich ersten Heimarbeitern – um präzise zu sein: Heimarbeiterinnen. Bereits in dieser fernen Vergangenheit arbeiteten sie in Schlafkammer oder Wohnraum und waren ein wichtiger Teil des Wirtschaftskreislaufes. Sie erledigten zum Beispiel das Spinnen, Weben und Nähen. Dass dies zu Hause in den eigenen vier Wänden geschah, passte der Obrigkeit gut – die Rolle der Frau war fest verbunden mit Heim und Herd. Arbeitende Frauen in der Öffentlichkeit waren insbesondere der katholischen Kirche ein Gräuel. Die Rollen waren festgelegt: Der Mann ging in der Öffentlichkeit seiner selbstständigen Arbeit nach, die Frau blieb zu Hause bei den Kindern. Ein Verhältnis Arbeitgeber–Arbeitnehmer gab es dagegen noch nicht – der Alchimist hatte keinen Achtstundenjob beim Alchemiekonzern.

Es musste viel passieren, bevor das moderne Homeoffice möglich wurde. Mit dem Aufkommen der Industrialisierung im 19. Jahrhundert wurde es immer mehr Alltag, Wohnung und Arbeit zu trennen – der ausbeuterische Unternehmer (als solcher wurde er sehr schnell angesehen, und er war es vielfach auch) hatte am Arbeitsplatz in der Betriebsstätte seine Arbeitssklaven besser unter Kontrolle – bis zu vierzehn Stunden dauerte eine Schicht – dann ging der Arbeiter nach Hause, eigentlich nur um zu schlafen. Am darauf folgenden Morgen ging er wieder zur Arbeit – das »zur Arbeit gehen« wurde zum Standard im Berufsleben – und es war somit die Grundlage für das Gegenteil, das »nicht zur Arbeit gehen« – Arbeitslosigkeit oder eben das Homeoffice. Somit könnte man sagen – eine genaue Datierung ist recht schwierig –, dass das Homeoffice erst nach der industriellen Revolution seinen Anfang nahm. Zunächst aber handelte es sich um reine Heimarbeit, das *Office* – die typischen Büroarbeiten – fehlte noch.

Unter dem Hitler-Regime wurden in Heimarbeit von ganzen Familien Munition, Teile für Stahlhelme und Zündkerzen für die militärischen Fahrzeuge produziert. Nach dem Ende der Schreckensherrschaft und im aufkommenden wirtschaftlichen Boom der Nachkriegszeit geriet die Heimarbeit rasch wieder ins Vergessen. Ein Mann konnte seine Familie ernähren, die Frauen wurden vielfach als Hausmütterchen gesehen, die nicht arbeiten mussten – und in den Vorstellungen vieler Männer auch nicht in einem Erwerbsberuf arbeiten durften. Auch war das Verschieben von Büroarbeit in die Wohnung eines Mitarbeiters in jenen Jahren kaum möglich – für die Auslagerung der Arbeit eines Buchhalters zum Beispiel hätte man schwere Schreib- und Rechenmaschinen und Unmengen von Aktenordnern von der Firma in die Wohnung transportieren müssen. Also blieb die Frau zu Hause, der Mann ging arbeiten.

Mit dem Einzug technischer Neuerungen im Büro in den

1970er- bis 1990er-Jahren veränderten sich die Möglichkeiten. Während die altmodische produzierende Heimarbeit fast vollständig verschwand, schufen das Aufkommen des Internets und die Digitalisierung die Grundlagen für die Auslagerung qualifizierter Tätigkeiten – Homeoffice eben. Anfang der 2000er-Jahre beschäftigten Firmen der IT-Branche wie die Suchmaschine Yahoo oder IBM – und ganz ohne Zwang durch ein aggressives Virus – einen relativ großen Teil ihrer Mitarbeiter im Homeoffice. Aber die Geschichte vollzieht sich in dialektischen Schritten – während die Pioniere ihre Mitarbeiter unter anderem wegen fehlender Produktivität zurück ins Büro rufen, gibt es bei Firmen der 2020er-Jahre Überlegungen, die wahnsinnig teuren Bürogebäude in den Innenstädten aufzugeben und das komplette Geschäft nach Hause zu den Mitarbeitern zu verlagern. Noch kämpfen beide Organisationsformen um Terrain ...

## Die apokalyptischen Reiter der Prokrastination

Wie jeder historisch gebildete Mitarbeiter/jede gebildete Mitarbeiterin im Homeoffice wissen sollte, bedrohten in der Vorstellungswelt des Mittelalters vier apokalyptische Reiter die Menschen in ihrer Existenz: Der erste Reiter mit Pfeil und Bogen symbolisiert den Machtmissbrauch der Obrigkeit, der zweite mit Schwert steht für den Krieg. Reiter Nummer drei und seine Waage versinnbildlichen Wucher und Hungersnot, und schließlich der letzte, wohl furchtbarste Bote der Finsternis bringt der Menschheit Tod und Pest. Verblasstes Unterrichtswissen aufgefrischt oder Wissenslücke geschlossen? Gut.

Kommen wir gleich zur nächsten Lektion: *Prokrastination* leitet sich vom lateinischen Substantiv *procrastinatio* ab, das *Aufschub, Vertagung* bedeutet, das wiederum in Zusammenhang steht mit dem Präfix *pro* für *vor-, vorwärts-* und dem Substantiv *crastinum*, das so viel wie der morgige Tag bedeutet. Deutsch-deftig mit einem leicht modifizierten Sprichwort gesagt:

**Was du heute kannst besorgen,**
**das verschiebe ruhig auf morgen.**

Nun dämmert es dir sicher, was das Ganze mit dem Homeoffice zu tun hat. Denn die neuen apokalyptischen Reiter der Prokrastination attackieren jeden Mitarbeiter im Homeoffice an jedem Tag zu Hause. Die *Apocalyptic Horsemen* unserer Tage bringen uns schlimme Plagen:

- Der erste Reiter, Ritter Schlafmütz oder Narkolepsius genannt, steht für das viel zu späte Aufstehen am Morgen und den ausufernden Büroschlaf zu allen Tageszeiten. Von ihm und seinen Schandtaten war bereits die Rede.

- Der zweite, Ritter Klickme oder Onlinius mit Namen, steht für die immer und überall verfügbaren, Arbeitszeit fressenden sozialen Netzwerke. Warum soll ich arbeiten, wenn es so viel spannender ist, mit Freunden zu chatten oder lustige Katzenvideos zu gucken?

- Der dritte, Ritter Putzwasweg oder Domesticus, bedrängt dich mit dringenden Hausarbeiten und tausend kleinen Besorgungen, die du unbedingt zuerst erledigen musst, statt zu arbeiten.

Allerdings sind hier nur drei Ritter des Prokrastius genannt, aber meist schließt sich ihnen eine vierte Gestalt der Finsternis an, der es aber nicht um das kräftesparende Verschieben von Aufgaben auf den nächsten Tag geht, sondern um Völlerei und Genusssucht:

- Der vierte Reiter wird Moppelpo oder Megakalorius genannt und attackiert dich mit den zu Hause immer verfügbaren Erfrischungsgetränken, Snacks und Süßigkeiten in der Absicht, dich dadurch deines athletischen Körpers zu berauben – wenn da überhaupt noch etwas zu rauben ist. Weil dich dein mit seiner Hilfe erworbenes Übergewicht die letzte Energie kostet, arbeitet dieser Agent des Bösen den drei vorangegangenen in die Hände.

Du findest diese verdrehte Parabel viel zu konstruiert, viel zu albern, ja geradezu kindisch? Stimmt, aber erst wenn es dir gelingt, zumindest ein paar von diesen alltäglichen Widersachern zu besiegen, hast du Aussicht auf erfolgreiche Arbeit im Homeoffice.

## Homeoffice kompakt

Lass dir das nur nicht einreden: Nein, du brauchst nicht eigens ein komplettes Arbeitszimmer, um im Homeoffice arbeiten zu können. Es genügt eine Umräumaktion, eine konsequente Veränderung der Inneneinrichtung, um dir das Arbeiten zu Hause perfekt zu ermöglichen. Auch ein eigener Schreibtisch ist unnötig. Wenn du links von dir den Induktionsherd und rechts von dir die Waschmaschine aufstellst, kannst du die beiden Geräte einfach mit einer Verbundplatte aus dem Baumarkt verbinden und die Lücke zwischen ihnen überbrücken. Nun hast du unter der Platte Platz für deine Beine und damit einen exzellenten Schreibtisch. Außerdem kannst du während der Arbeit kochen (links) und dich um die Wäsche kümmern (rechts). Nun brauchst du noch einen Aktenschrank, den du rechts von dir neben der Waschmaschine platzierst. Es ist genau der richtige Ort, denn das Kinderbett auf Rollen, das du natürlich ebenfalls in Griffnähe haben solltest, würde neben der Waschmaschine aus erzieherischer Sicht deplatziert sein – die Rüttelgeräusche beim Schleudern könnten das Kind wecken oder sogar in seiner frühkindlichen Entwicklung stören. Auf besagte Geräusche und Vibrationen kommen wir später noch zurück.

Auch das Bügelbrett mit dem elektrischen Bügeleisen findet Halt an der Waschmaschine, kann aber bei Nichtnutzung zusammengeklappt werden und wird dann links von dir neben dem Herd und im Zwischenraum zum Kühlschrank abgestellt. Deine Gefrier-Kühl-Kombination steht links von dir, damit du beim Kochen kurze Wege hast. Nebenbei kannst du die Tür des Kühlschranks auch noch als Haftfläche für Kurznotizen nutzen – wichtig für die perfekte Organisation im Homeoffice. Planung ist schließlich alles, aber achte darauf, dass du deine To-do-Listen nicht mit dem Einkaufszettel und die Termine deiner Tochter in der Musikschule nicht mit denen deiner Telefonkonferenzen verwechselst ...

Einen Bürostuhl brauchst du natürlich auch noch. Nein, seitdem es die Mülltrennung gibt, kannst du dich nicht mehr einfach auf den Abfalleimer setzen. Das hat den Vorteil, dass du dich nicht mehr mit müffelndem Müll herumplagen musst. Du musst mit einem Küchenstuhl vorliebnehmen, kannst aber auch, wenn du dir noch weitere unnötige Wege ersparen willst, die Campingtoilette aus dem Wohnmobil nehmen – falls du eines hast. Für das ganze Ensemble brauchst du nicht mehr als 1,8 Quadratmeter Standfläche. Ist das nicht praktisch?

Komisch, dass niemand so eine Idee kommerziell nutzt. Kompaktküchen stellen sie her, alles auf engstem Raum, echte Wohnküchenschlafklosetts. Sogar Büroküchen sind zu haben – Küchen *fürs* Büro, nicht *mit* Büro, wie es ja für das Homeoffice so sinnvoll wäre. Warum kann man derartige Produkte nicht einfach um die Komponente Office erweitern? Eigentlich verwunderlich, dass noch keine Möbelfirma auf die Idee gekommen ist, so eine Kombination fertig zu liefern. Cucina 2100 Work & Cook mit Bluetooth und WLAN oder so ...

Noch ein wichtiger Hinweis zu unserer kreativen Küchenkonfiguration: Während der Schleuderphasen der Waschmaschine solltest du die Büroarbeiten einstellen. Zum einen würden sich in deinem auf der Arbeitsplatte stehenden Kaffee durch die regelmäßigen Erschütterungen stehende Wellen bilden – er würde dir schlichtweg aus der Tasse hüpfen. Ältere Notebooks, die noch mit einer Festplatte ausgestattet sind, sollten unbedingt von der Arbeitsplatte entfernt werden, da sonst Datenverluste möglich sein könnten. Aber sonst ist alles perfekt eingerichtet. In diesem Sinne: Frohes Schaffen!

## Andere Homeoffice-Lösungen

Die Arbeitsplätze in einem Firmenbüro ähneln einander – schon deshalb, weil sie sozusagen »in einem Aufwasch« eingerichtet worden sind. Ganz anders der Arbeitsplatz im Homeoffice – einmal abgesehen von der soeben geschilderten Kompaktversion: Hier gibt es durchaus Individualität und kreative Möglichkeiten, die auch zugleich etwas über die Einstellung zur Arbeit aussagen.

*Der feuchte Weg*

- Arbeit und Wellness müssen sich nicht ausschließen – warum auch? Gerade im Homeoffice sind kombinierte und vor allem auch komprimierte Lösungen sehr einfach machbar. Wer gemütlich in einem entspannenden Kräuterbad arbeiten möchte, platziert das Notebook einfach auf einem stabilen Brett quer über die Wanne. Dort kann man auch das Knabbergebäck und ein Glas Rotwein (oder für längere Arbeitssitzungen auch gleich die Flasche) bequem abstellen – eben alles, was man an seinem Wellness-Arbeitsplatz so braucht. Achte aber darauf, dass du die Wanne anschließend nicht sprichwörtlich *zu heiß gebadet* verlässt.

- Besonders bei hübschen Mitarbeiterinnen drohen bei Videokonferenzen gewisse Irritationen. Damit die Arbeitsprozesse aber überhaupt noch reibungslos stattfinden können, sollte die Mitarbeiterin in der Wanne darauf achten, dass sie von einem ausreichend ausgedehnten Schaumgebirge umgeben ist. Einen entsprechenden Badezusatz kaufen!

- Stark behaarte Männer sollten darauf achten, dass am Arbeitsplatz in der Wanne der Großteil ihres Körpers unter Wasser bleibt, wenn es betriebliche Probleme zu besprechen gibt. Ihre Gesprächsbeiträge könnten sonst wegen ihrer äußerlichen Ähnlichkeit mit einem Gorilla als unangemessen aggressiv wahrgenommen werden.

- Wenn du eine Person mit immer noch leicht infantilen Charaktereigenschaften bist, solltest du vielleicht vor Außenkontakten die Gummiente oder dein Schiffchen aus dem Blickwinkel der Kamera entfernen. Du kannst sie ja nachher wieder schwimmen lassen.

*Der alkoholische Weg*

- Wenn man den Arbeitsplatz direkt in die Hausbar einbaut, dürfte klar sein, das mit bahnbrechender Gewinnmaximierung nicht unbedingt zu rechnen ist, wohl aber mit einer ausgesprochen gelassenen Atmosphäre am Arbeitsplatz und einem guten Betriebsklima. Das allerdings meist nur für Einzelmitarbeiter, denen man ab da für Außeneinsätze den Firmenwagen nicht unbedingt anvertrauen sollte.

*Der Recycling-Weg*

- Das Notebook auf der Mülltonne teilt den Menschen in den Führungspositionen einer Firma subtil mit, was man vom Arbeiten im Homeoffice hält.

- Wenn der Nachwuchs aus dem Gröbsten heraus ist, wird der Hochstuhl des Kindes nicht mehr am Familientisch benötigt. Er eignet sich hervorragend für einen Umbau zum Stehpult – zumindest für kleinere Mitarbeiter.

*Der sportliche Weg*

- Eine wichtige Lösung für dich, wenn du meinst, einfach viel zu viele Stunden unbeweglich im Sitzen zu verbringen: Geschickte Heimwerker können das Notebook an der Lenkereinheit des Ergotrainers befestigen. So gewinnt dein altes Cardiofahrrad, das bisher ein tristes Dasein in der hintersten Ecke deiner Garage fristete, völlig neue Nutzungsmöglichkeiten. Büroarbeit und Fitness schließen einander nicht mehr aus.

- Begabte Elektriker oder Elektroniker können auch die komplette Stromversorgung des Computers und aller Fernsehgeräte auf Muskelkraft umstellen. Dann gilt in ganz besonderer Weise: Nur wer strampelt, kommt im Berufsleben ganz nach oben.

*Der modische Weg*

- Begehbare Kleiderschränke eignen sich als Arbeitszimmer mit exklusiver Atmosphäre und – der Mitarbeiter/die Mitarbeiterin hat für jeden Anlass das passende Kleidungsstück jederzeit griffbereit.

- Erstaunlich viel Platz für Akten und Büroutensilien gewinnt, wer nicht oder sogar noch nie getragene Kleidung auf dem Gebrauchtmarkt verkauft. Wo gestern noch die Sommergarderobe vom letzten Jahr von Motten zerfressen wurde, findet sich heute ein Platz für Dokumente und Unterlagen aller Art. Übrigens: Motten fressen auch Papier.

*Der romantische Weg*

- Die eigenen vier Wände fallen dir auf den Kopf, du würdest furchtbar gerne etwas anderes sehen – und träumst denselben Traum, den schon viele andere Geistesarbeiter vor dir geträumt haben: Arbeiten im Café ... Die Wunschvorstellung ist weit verbreitet – der Dichter oder Schriftsteller sitzt in einem historischen Gebäude, von Thonet-Mobiliar aus dem 19. Jahrhundert umgeben, vor sich in einer stilvollen Tasse einen Einspänner, eine Mélange oder neuzeitlicher einen Latte macchiato oder einen Milchkaffee, der seinen Namen verdient – und die Gedanken fließen aus dem heiter inspirierten Hirn über die Hände in die Tastatur. Hin und wieder lächeln dem Genie attraktive Menschen zu, die Bedienung verwöhnt ihn als Lieblingsgast – und dann zerplatzt die Seifenblase. Der Akku ist leer, der Lieblingsplatz ist besetzt oder der Inhaber des Cafés motzt herum, weil du den ganzen Tag nur eine Tasse Kaffee und ein Glas Wasser zu dir genommen hast. Und jetzt kommt das Schlimmste: Für das Homeoffice ist dieser Traum überhaupt nicht geeignet.

- Häufigstes Problem: Im Café an der Ecke triffst du Freunde oder Freundinnen, verquatschst ein paar Stündchen, ihr gleitet in eine koffeingestützte Schleife ab, der Arbeitstag ist gelaufen.

- Oder: Kunden rufen dich an und du musst Gespräche über Geschäftsgeheimnisse führen. Guckt der Typ am Nebentisch dich nicht irgendwie auffällig interessiert an? Hat er nicht sehr, sehr lange Ohren? Und wie ist das mit dem Datenschutz? Was, wenn dich hier jemand ausspioniert?

- Das dritte Problem: Es fehlt dir immer genau das, was du nicht dabeihast. Was, bitte, willst du alles ins Café schleppen?

- In ganz seltenen Fällen gewinnst du den großen Preis: Es herrschen perfekt sommerlich angenehme 25 °C, die Sonne scheint, im Straßencafe ist dein Lieblingsplatz im Schatten unter den Bäumen frei, du platzierst dein Notebook auf einem ausreichend großen Tisch, findest in die Arbeit, wirst freundlich bedient und planst bereits, den Nachmittag über an diesem wunderbaren Ort weiterzuarbeiten. Du kannst über dein Headset telefonieren, niemand sitzt so nah bei dir, dass er dich belauschen könnte, alles ist wunderbar. So lässt du dir Homeoffice gefallen – zwar nicht nur Home, aber Office perfekt. Du arbeitest völlig selbstvergessen, kommst großartig voran und bemerkst nicht, dass ein Gewitter aufzieht. Der kurz darauf einsetzende Platzregen verwässert deinen Milchkaffee, killt dein Notebook und spült alle deine Träume davon ...

## Die Homeoffice-Ausstattung im Detail

Über den Arbeitsplatz haben wir gesprochen, du weißt jetzt, wo sich deine künftige professionelle Heimat in deinem privaten Zuhause befinden könnte. Nachdem nun die globalen Verhältnisse geklärt sind, solltest du dich auch um die Einzelheiten in deinem Heimbüro kümmern:

- Der wichtigste Gegenstand (zumindest für die meisten Leute) ist die **Kaffeetasse** – wahlweise auch die **Teetasse.** Tassen gibt es sicherlich genug in deinem Haushalt – dennoch solltest du dir *die eine Tasse* auswählen, der auch eine große symbolische Kraft innewohnen wird. Merke:

  **Es kann nur eine geben!**

Wenn du sie in Händen hältst, weißt du: Jetzt wird nicht irgendein Heißgetränk getrunken und über Gott und die Welt gequatscht, sondern definitiv **gearbeitet**! Wähle dieses Kultbehältnis also mit Bedacht.

- Reserviere dir ein paar **Stifte** – ganz nach Gutdünken können das Filzer, Kugelschreiber oder sogar Füllfederhalter sein. Stelle sie entweder in einem Stiftebehälter auf deinem Schreibtisch bereit oder bewahre sie, so verfügbar, in einer Schublade auf.

- Wenn du Familie hast, halte ein feierliches Stifte-Tabu-Ritual ab! Schicke deine Kinder mit dem folgenden Merksatz in eine hoffentlich produktive gemeinsame Zukunft im Homeoffice: Das sind die Stifte zum Geldverdienen! Damit werden keine Bilder gemalt!

- Natürlich brauchst du auch eine Papierauflage für deinen Schreibtisch, auf der du kritzeln kannst. Du wirst viel kritzeln in den nächsten Wochen und bei zahllosen Telefonaten unzählige Strichmännchen malen. Beschaffe dir also eine Auflage mit mindestens fünfzig Blatt.

- Du brauchst Heftzettel, diese kleinen gelben Blöckchen zum Aufschreiben, zum Beispiel von Telefonnummern. Du brauchst unvorstellbar viele kleine Blöckchen mit Heftzetteln, weil immer dann, wenn du einen brauchst, gerade keiner in der Nähe greifbar ist. Verteile die Heftzettel in der ganzen Wohnung, damit du einen findest, wenn du ihn brauchst. Wenn du in einer freundlichen Umgebung arbeiten möchtest, kannst du auch mehrfarbige Heftzettel anschaffen.
  Auf die Frage, ob du im Homeoffice einen Drucker

brauchst, lautet die Antwort: Jein. Drucker sind die Geräte im Homeoffice, die am seltensten funktionieren. Meistens funktionieren sie gerade dann nicht, wenn du sie dringend brauchst. Lass dich bei der Anschaffung professionell beraten, damit du ein zuverlässiges Gerät kaufst. Noch besser ist es allerdings, wenn du über das ja ohnehin vorhandene Netzwerk die anfallenden Ausdrucke über einen Drucker in der Firma machst. Achte aber darauf, dass nicht versehentlich deine selbst gestalteten Geburtstagsgrüße und die Rezepte von www.chefkoch.de im Firmenbüro landen. Dein Chef interessiert sich bestimmt brennend für die Mokkatorte italienischer Art oder das originelle Pizzasuppenrezept.

- Wenn du einen Drucker angeschafft hast, brauchst du einen Vorrat an Druckertinte oder Toner. Hier kommst du in dasselbe Dilemma wie bei den Heftzetteln – du brauchst viel Verbrauchsmaterial für deinen Drucker, denn sonst ist immer dann, wenn du dringend etwas drucken muss, die Tinte entweder a) leer oder b) eingetrocknet. Jetzt brauchst du mehrere Ersatzpatronen, denn genau die Farbe, die gerade leer geworden ist, fehlt in deinem Vorrat. Kauf also Druckertinte oder Toner in ausreichenden Mengen. Lager einen Großvorrat in der Garage oder im Keller. Oder drück dich vor Druckangelegenheiten.

- Und – das hatten wir ja ganz vergessen! – du brauchst einen Computer – dazu später mehr. Nein, für alle Spät- und Wiedereinsteiger: Die IBM-Kugelkopfmaschine aus dem Keller tut es nicht, auch wenn sie noch so modern ist!

## Das Schild an der Tür

So wie über dem Eingang des Lebensmittelladens »Breidsamers Frischetheke« zu lesen ist und dein Lieblingscafé »Tortolino« sich mit einem ansprechend gestalteten Schild ausweist und auch deine Stammkneipe »Zur Kaschemme« gut lesbar verkündet, wo du es dir gerade gut gehen lässt, so braucht auch dein Homeoffice ein unverwechselbares Statement, sozusagen ein Warenzeichen, unter dem du deinen Beruf ausübst. Ein Schild an der Tür zu deinem beruflichen Bereich in deinem sonst privaten Paradies sagt jedem: Hier ist ein Profi bei der Arbeit!

Nicht nur du selbst wirst deinen Arbeitsplatz in neuer Weise wahrnehmen. Weitere Schilder können dir bei der Ausgestaltung helfen und sowohl dir als auch den Menschen, mit denen und für die du arbeitest, in mancher Hinsicht Hilfen geben …

Nicht jedes Schild muss übrigens ganz ernst gemeint sein:

## Wenn ich sage, dass ich jetzt im Homeoffice arbeite … (Zutreffendes bitte ankreuzen)

- ❑ denkt mein Chef, dass ich auf der faulen Haut liege.
- ❑ denken meine Kunden, ich würde irgendwo in einem indischen Callcenter oder bei einer Briefkastenfirma auf einer Insel in der Karibik sitzen.
- ❑ glauben meine Freunde, ich läge mit einem Drink im Strandbad.
- ❑ wollen meine Kinder mit mir in den Vergnügungspark.
- ❑ vermuten meine Kollegen im Firmenbüro, ich hänge mit dem Notebook auf dem Sofa rum und würde mir Katzenvideos reinziehen.
- ❑ meint meine Freundin, dass ich jetzt sehr viel Zeit beim Shoppen mit ihr verbringen kann.
- ❑ weiß nur ich, was mich tatsächlich erwartet.

# Du und deine Webcam

Die Konferenz, ein Treffen von realen Menschen in einem dafür bestimmten Raum, eine Veranstaltung, die man neudeutsch auch *Meeting* nennt, war schon über viele Jahrzehnte so etwas wie der kulturelle Höhepunkt der Bürokratenwelt, oft Krönungskonvent, immer aber Elitetreffen und Hochamt bedeutender Menschen und Menschinnen zugleich. Ein winziger Virus machte dem ein Ende. Das Telefonat, analog oder digital, akustisch oder auch visuell, schließlich die Videokonferenz und das virtuelle Treffen nahmen den Platz der Präsenzkonferenz ein und machen dein leibhaftiges Erscheinen unter vielen Menschen an einem einzigen Ort überflüssig – mit ganz neuen organisatorischen und humoristischen Möglichkeiten. Die Priester der Digitalkultur halten die flächendeckende Akzeptanz von Telekonferenzen per Videoschalte für eine der größten Erfindungen der Menschheit seit dem Rad – eine Sache, die allerdings nicht immer rundläuft. Es gibt da ein paar kleine Schwierigkeiten ...

## Das Chaos im Allgemeinen

Natürlich möchte jeder vor der Webcam als eine ausgesprochen ordentliche und gut organisierte Person erscheinen. Deshalb ist es von zentraler Wichtigkeit, im übertragenen Bild keine Anzeichen irgendeiner Unordnung zu zeigen – während außerhalb des Blickwinkels der Webcam das schiere Chaos herrschen kann. Achte also darauf, dass schmutzige alte Socken, gebrauchte Unterwäsche, Pizzakartons und Styropor-Lunchboxen, defekte Game Controller, Fischgräten, die die Katze aus dem Abfalleimer gezerrt hat, zerbrochene Gläser, leere Flaschen, die Schüssel mit dem abgestandenen Wasser von deinem letzten Fußbad und die Fußnagelschere sich nicht innerhalb des 150°-Blickwinkels deiner Profi-Cam befinden. Dieses Problem kannst du allerdings auch unterschiedlich lösen – sowohl analog als auch digital.

*Die digitale Lösung: Beam dich davon*

Du verpasst deinem Videoanruf mithilfe einer App oder eines Programms einen digitalen Hintergrund. Südseeszenen solltest du aber ebenso vermeiden wie das Kanzleramt. Erstere wecken Neid bei deinen Gesprächspartnern, auch wenn sie eigentlich wissen müssten, dass du in deiner Zweizimmerwohnung in der Bochumer Südstadt sitzt. Letzteres bleibt der Bundesregierung vorbehalten, es sei denn, du bist Minister oder der neue Bundeskanzler. Auch Schlösser in der Provence oder kalifornische Villen am Meer wirken deplatziert. Feld, Wald und Wiese sind ebenso geeignet wie Stadtpanoramen und Sonnenuntergänge am Baggerloch. Auch das Wohnzimmer der Simpsons, Bilder von der Mondlandung, das ZDF-Sportstudio, endlose Hotelflure, Minecraft-Panoramen und Blicke ins endlose Weltall mit 100.000 Galaxien werden immer wieder gern genommen. Dein Favorit ist bei unseren Vorschlägen nicht dabei? Dann nimm doch das Motiv, das in den 1990er-Jahren bei deinem Opa als Bildtapete das Wohnzimmer schmückte.

Die folgende analoge Lösung einer gesteigerten Selbstdarstellung ist zwar auch kein Spitzenprodukt der Glaubwürdigkeit, wird aber dennoch allgemein akzeptiert …

*Die analoge Lösung: Kultursignal Buchregal*

Das Buch umweht eine Aura gesteigerter Intellektualität, ein Hauch uralter Weisheit, die scheinbar mühelos auf den Besitzer des Druckwerkes überspringt – so glauben es zumindest die Besitzer von prall gefüllten Bücherregalen. Dieser Glaube verleitet sie dazu, sich selber auf Fotografien für die Öffentlichkeit und bei Auftritten in den visuellen Medien mit dem richtigen Bildungshintergrund zu versehen – ein Buchregal muss her. Es liegt nahe, im Homeoffice die eigenen Qualitäten und die Bedeutung der eigenen Person durch eine eindrucksvolle Bibliothek im Bildhintergrund zu steigern. Du räumst alle in der Wohnung befindlichen Bücher in einem einzigen Regal zusammen und platzierst es (vor dem Meeting, nicht währenddessen) so, dass deine Webcam im Bildhintergrund nichts anderes mehr sieht als Literatur. So gibst du den perfekten intellektuellen Anstrich.

Ob die Bildung ganz echt ist – sowohl beim Mitarbeiter als auch im Regal – ist dabei die Frage. Eigentlich ist es auch völlig gleichgültig, welche Art von Buch den Hintergrund bildet. Der katholische Priester wird nicht das Sexualstrafrecht, der Germanist nicht unbedingt die Werke Walters von der Vogelweide oder Johann Wolfgang von Goethes »Faust« in der Erstausgabe im Rücken haben müssen. Es genügen schon ein paar angestaubte Bücher von Johannes Mario Simmel aus dem Weltbild-Programm, die Biografien von Otto Waalkes und Atze Schröder oder die angemuffte Videosammlung neu verpackt in Pseudo-Buchschubern.

Apropos pseudo: Auch Möbelhäuser verwendeten früher zu Dekorationszwecken ganze Buchreihen aus Pappe – außen hui, innen leer, um die Wohnlichkeit ihrer Raumsimulationen zu steigern. Ein gewisses skandinavisches Möbelhaus ist allerdings in den letzten Jahren dazu übergegangen, das

PIZZA

Buch ganz wegzulassen – sogar im Katalog. Es liest ja ohnehin keiner mehr, oder?

Fehler wie der ehemaligen Trump-Mitarbeiterin Erin Elmore sollten dir im Homeoffice jedoch nicht unterlaufen: Sie hatte im Bild der Webcam Bücherregale als Hintergrund gewählt. Doch die waren nicht echt, sondern aufgedruckt auf einem Kulissentuch angebracht. Sie oder ihre Mitarbeiter hatten aber leider vergessen, dieses zu bügeln. Die Klassiker sahen ziemlich zerknittert aus ...

## Face Fails

Nein, hier sind nicht die ungeschminkte Sachbearbeiterin und der Disponent mit den massiven Augenringen gemeint, sondern großartige Fehler in der Qualität von Loriots Nudel-Spot. Erstaunlich, was alles in einem Gesicht hängen bleiben kann!

Zum Beispiel die knallig rote Tomatensauce von der Spagetti Bolognese, übrigens ein Homeoffice-Standardgericht. In der Firma würde sofort ein kollegialer Hinweis erfolgen – *Wisch dir mal über die Lippen!* –, online freuen sich alle über einen roten Knutschmund, aber keiner sagt etwas ...

Dazu vielleicht folgende Geschichte: Herrn Sandmanns Vorliebe für italienisches Essen ist in der Familie bekannt. Deshalb wundert sich auch niemand mehr, wenn die Farbe Rot in seinem Gesicht nach einer seiner Lieblingsmahlzeiten deutlich zugenommen hat. Auf irgendeine seltsame Weise gelangt die Sauce Bolognese vom Teller zunächst immer über Zwischenstationen auf seinen Körper, z. B. über seine Brust oder seinen Bart und dann erst in seinen Mund. Auf dem ganzen Weg hinterlässt sie Spuren ...

Weniger bekannt sind seine lukullischen Vorlieben in seiner Firma, und so verwundert es seine Kollegen nicht wenig, wenn er während seiner ersten Telefonkonferenz in die Kamera linst, als sei er soeben vom Kinderschminken mit Onkel Olaf gekommen. Mancher Kollege formuliert es noch anders: Wen hast du denn gerade ausgesaugt, Graf Dracula?

Live in der Firma wäre ihm das nicht passiert …

*

Auch die Zahnpasta mit den bunten Streifen kommt im Meeting gut zur Geltung, besonders wenn die Streifen farblich zum Outfit passen. Richtig, die Streifen in der Zahnpasta waren schon einmal Thema unserer ganzen Aufmerksamkeit, nämlich vor einigen Jahren, als es mit der Erklärbar-Phase im Kinderprogramm des öffentlich-rechtlichen Fernsehens losging. Es wurde in den einschlägigen Sendungen ausführlich erklärt, wie die Streifen in die Zahnpastatube kommen, obwohl eigentlich niemand danach gefragt hatte.

Die Antwort auf diese brennende Frage hat mittlerweile jedermann wieder vergessen, aber heute, im Webcam-Zeitalter, sieht die Fragestellungen zum Thema Zahnpasta auch völlig anders aus: Wie passen die Streifen aus der Zahnpastatube zu den Streifen auf der Krawatte? Und warum kontrastieren sie so drastisch, dass die Webcam fast eine Moiré-Katastrophe oder sogar einen Farbkollaps erleidet? Mitarbeiter formell denkender Konzerne müssen wohl oder übel auch im Homeoffice Krawatte tragen und sich deshalb womöglich darum bemühen, die Farbe der Zahnpasta an die der Krawatte anzugleichen oder zumindest passend dazu auszuwählen, denn man weiß ja … Unsinn, man sollte als

Mann im *business suit* ganz einfach darauf achten, dass man morgens auf dem Weg ins Büro – also vom Badezimmer ins Arbeitszimmer – die Reihenfolge einhält und sich zuerst die Zähne putzt und dann die Krawatte anlegt. Das wäre doch eine Maßnahme ...

## Weiße Linien

Du bist, was du isst, auch im Homeoffice, und vor allem dort. Achte darauf, welches Gebäck du zum Kaffee wählst! Der Puderzucker auf deiner Oberlippe stammt vielleicht vom Berliner, den du zum Kaffee hattest, lässt aber alle Video-Gesprächspartner wilde Vermutungen anstellen ...

So erging es auch Herrn Goldbacher, der vom Puderzucker in den Ruf gebracht wurde, ein gefährlich kreativer Mitarbeiter seiner Werbeagentur zu sein, der vor gar nichts zurückschreckt, um seinen Ideenreichtum zu steigern. Erik Goldbacher hatte zum Nachmittagskaffee von den Vanillekipferln genascht, die seine Freundin gebacken und mit reichlich Farinade bedeckt hatte, und war dann, ohne sein visuelles Erscheinungsbild zu prüfen, in eine Videokonferenz gegangen. Seither umweht ihn – dank einer deutlich erkennbaren Staubspur auf seiner Oberlippe – der Ruf des Kokainisten, vielleicht deshalb, weil auch manche seiner Kollegen selbst weiße Linien als Orientierungssystem für ihr Leben nutzten.

*

Schwere Schicksalsschläge vermutete man bei Pamela Pelican, Mitarbeiterin einer Eventagentur, die zwischendurch – man macht ja so einiges zwischendurch im Homeoffice – mal schnell einen Prinzenkuchen für den Geburtstag ihre Tochter backen wollte. Arbeitsrechtlich nicht ganz korrekt, aber was soll's? Dachte sie sich jedenfalls und machte sich munter mit Tochter Mandarina an die Arbeit. Alles lief großartig, alle Zutaten waren im Haus, die Tochter half – im wahrsten Sinne des Wortes – rührend mit und fast wäre alles perfekt gelaufen. Der Ofen war schon angeheizt und der Kuchen in der Form musste nur noch hineingestellt werden, da kam Mandarina auf die Idee mit der Mehltüte. Mehltüten kann man, wenn sie oben nur ein Stückchen weit eingeschnitten sind, ganz wunderbar wie einen Luftballon behandeln, nämlich aufblasen. »Guck mal, Mama!«, rief Mandarina und klatschte mit beiden Händen auf die pralle, fast leere Mehltüte. Die Mehlstaubexplosion, die folgte, war eigentlich nicht besonders katastrophal, nur landete der Großteil des Mehlstaubs im Gesicht von Frau Pelican. Und genau in diesem Augenblick klingelte das Telefon. Videoanruf ihres Kollegen, der erschreckt fragte: »Was ist passiert? Du bist ja kreidebleich!«

## Die Konferenz ohne Hose

Zu Hause die Sau rauslassen? Es gibt ein ganzes Paket an Ballast, das du zu Hause nicht mit dir herumtragen musst, jede Menge überflüssigen Quatsch, der dich nun nicht mehr kümmern muss …

Die Kleiderordnung zum Beispiel – sie ist im Homeoffice zwar nicht völlig aufgehoben, der Dresscode gilt, wie bereits gesagt, immer und überall ... Kaum jemand nimmt das allerdings sooo genau, jeder denkt sich, ich kann alles anziehen, was ich will, denn es sieht ja keiner! Das ist in einem gewissen Rahmen richtig, aber allzu viel Leichtlebigkeit kann auch zu ganz erstaunlichen Verwicklungen führen.

*

So sieht die Wirklichkeit aus: Business-Outfit? *No brown in town?* All diese kuriosen Regeln sollten eigentlich Gesetzeskraft haben, werden im Homeoffice jedoch in die Tonne gekloppt. Für männliche Mitarbeiter gilt in der Regel: Sie erscheinen ungeduscht, unrasiert, in Jogginghosen, kippen zum Frühstück ruhig einmal ein, zwei Konterbiere, futtern zu allen Mahlzeiten ungeniert Fastfood und haben schon mittags wieder einen im Tee. Dazu furzen sie ungeniert (Die Kollegen im Büro würden sich bedanken!). Der Geruch im Arbeitszimmer ähnelt dem im Raubtierkäfig des städtischen Zoos, vielleicht weil Heimarbeiter alten Instinkten folgend ihr Revier abgrenzen müssen und deshalb natürlich auch aufs Deo verzichten. Dazu muss man feststellen, wirkt sich die nicht eben gesunde Ernährung im Homeoffice aromatisch verheerend aus ...

*

Herr Zamperini kommt in Konferenzen immer gut rüber – gekonnt frisiert, das Gesicht ein wenig gepudert, damit die Haut nicht glänzt, geschmackvolles Sakko und passende Krawatte und – was keiner weiß – Schlafanzughose. Ja, Herr Zamperini ist bekennender Schlafanzugträger, und am liebsten mag er die lockeren gestreiften, die er vom Vater geerbt hat, aber auch moderne Boxershorts – er ist ja schließlich ein Kind seiner Zeit. *Let him swing!* Bisher war das niemandem aufgefallen, aber irgendwann musste es geschehen. Herr Zamperini telefonierte gerade mit der Frauenbeauftragten seiner Firma, da hörte er, dass es an der Haustür klingelte. »Moment!«, unterbrach er sein Videotelefonat, sprang auf und wollte zur Tür ... Und ausgerechnet an diesem Tag trug er die kurze Hose mit dem Elefantenrüssel auf dem Eingriff ...

*

Aber auch Mitarbeiterinnen meistern Stylingfragen im Homeoffice nur bedingt fehlerfrei und müssen hin und wieder zur List greifen. Frau Joppenstricker zum Beispiel: Die Dusche bleibt trocken, sie geht im Pyjama, ungeschminkt, auf Badelatschen und ohne Deo an den Schreibtisch, hatte zum Frühstück fingerdick Nutella auf dem Brot und nun Schokolippen. Sie hat ganz und gar nicht damenhaft geflucht, weil die Kaffeemaschine nicht in die Hufe gekommen ist und der Rechner zu langsam startete. Das alles hat ihr Gesprächspartner nicht gesehen, der jetzt anruft. Wenn der mich so sieht ...!, denkt Frau Joppenstricker – und hat schon eine Lösung. Frauen sind ja so kreativ! Schnapp! Die Abdeckung ihrer Webcam rastet ein. »Ach, Timo, du bist es! Leider funktioniert meine Webcam heute nicht ...«

Wie schade, denkst du jetzt sicher, aber so läuft das eben. Diese kleinen Klappen auf den Webcams kosten jede Menge Spaß.

## Familiäre Flitzer

Pia von Pesch-Palmer ist schon früh an ihrem Arbeitsplatz, 9:30 Uhr, Video-Meeting mit dem ganzen Team und den Auftraggebern. Sie hat sich in Schale geworfen, es geht um einen wirklich fetten Abschluss, der die wirtschaftliche Existenz ihrer Baufirma auf Monate absichern würde – die komplette Sanierung des Klosters St. Augustinus in Gunzenhaim. Frau von Pesch-Palmer referiert kurz die Eckdaten, alles funktioniert wunderbar, das Bild ist knackscharf, im Hintergrund das Panorama des wunderbar gestalteten Gartens, der Ton in Studioqualität – was soll da noch schiefgehen? Niemand auf der Gegenseite dort im Kloster würde vermuten, dass ihr Arbeitsplatz in ihrem Schlafzimmer eingerichtet wurde, die Selbstdarstellung ist perfekt. Allerdings hat Leon, ihr sechzehnjähriger Sohn, soeben ausgepennt. Jetzt will er unter die Dusche – und da liegt das Problem.

Den Weg von seinem Zimmer ins Bad legt er, wie immer, im Halbschlaf und vollkommen unbekleidet zurück, im Adamskostüm. Kein besonders unangenehmer Anblick, er erntet viel Zustimmung – Kommentare der Bewunderung, sogar Applaus – von der weltlichen Fraktion, meist aus dem Baugewerbe. »Höhö, nicht schlecht, Mann!« Weniger spontan, aber auch weniger begeistert reagieren die katholischen Auftraggeber, die Pinguine, wie Frau von Pesch-Palmer sie insgeheim nennt. Empörte Gesichter werden auf dem Bildschirm sichtbar. »Das ist doch ...«, schimpft die Mutter Oberin. Die Kommentare und das Gelächter der Pro-Nudisten werden langsam leiser, auch der Klerus verstummt. Für ein paar Sekunden betretenes Schweigen. Doch Frau von Pesch-Palmer fasst sich wieder, nimmt einen neuen Anlauf: »Wie ich schon sagte, das Fertigstellungsdatum im März des nächsten Jahres können wir ...«

Aber Leon will offenbar einen zweiten Auftritt bzw. hat überhaupt nicht gerafft, wie erfolgreich er schon war. Eben durchquerte er die Szenerie von rechts nach links – jetzt linst er von links ins Bild und stellt trocken – wie auch er selbst noch ist – fest: »Duschgel ist alle!«

»Leon, wir haben hier eine Konferenz, kannst du das bitte alleine lösen?«, fleht seine Mutter inständig, aber Leon, immer noch nicht ganz wach, motzt zurück: »Kann ich doch nicht riechen ...!« Er hält inne, es scheint ihm etwas einzufallen: »Ach übrigens, Selena hat bei mir übernachtet ...!« Das war das Stichwort, nun hat Selena – im Evakostüm und ebenso verschlafen wie kurz zuvor Leon, ihren großen Auftritt auf dem Weg ins Bad, von rechts nach links. Applaus brandet auf, die meist männliche Fraktion vom Bau macht Stielaugen, Pia von Pesch-Palmer möchte sich erschießen, schlägt dann aber vor: »Können wir mal ein paar Minuten Pause machen?«

Was draus geworden ist? Die Auftraggeber zogen es vor, für die weiteren Verhandlungen den Schriftweg zu nutzen. Übrigens ist es ein guter Ratschlag für alle Homeoffice-Nutzer: Bitte prüfen, ob da ein exhibitionistisch veranlagtes Familienmitglied oder Familienohneglied im Hause wohnt ...

## Sanitäre Peinlichkeiten

Mal ehrlich: Du hast doch sicher auch schon mal wichtige Telefonate von der Toilette aus geführt, oder? Da hat man seine Ruhe, wird nicht gestört und Gerüche werden ja telefonisch nicht übertragen. Nur die Wasserspülung sollte nicht betätigt werden, solange die telefonische Verbindung noch besteht ...

Solange es bei einem reinen Sprachtelefonat bleibt – eine saubere Sache. Aber mit der Kamera aufs Klo? Videotelefonate aus der Entsorgungszelle? Natürlich nicht!

*

Wie schnell man sich doch an neue Situationen gewöhnen kann! Frau Kollewitz arbeitet im Homeoffice und telefoniert immer und überall, wo sie geht und steht, zu jeder Tages- und Nachtzeit. Ihre Spezialität sind Videotelefonate: Der Chef ruft frühmorgens an? Wozu das Frühstück unterbrechen? Das Handy an die Kaffeetasse anlehnen, weiter das Frühstücksbrötchen schmieren. Es klingelt, der Postbote. Zur Haustür gehen, das Telefon vor dem Gesicht, immer freundlich lächeln, die Post entgegennehmen, dabei weiter mit dem Kunden reden. Egal, was passiert, Frau Kollewitz videotelefoniert immer. Sie hat die wunderbare Gabe, die Welt um sich herum vollkommen zu vergessen und sich ganz und gar auf das Gespräch zu konzentrieren. Beneidenswert!

Jetzt zum Beispiel sitzt sie während der Videokonferenz mit der Marketingabteilung völlig selbstvergessen – mit heruntergelassener Hose – auf dem Klo ... Wie sie da hingekommen ist? Keine Ahnung, das hat sie gar nicht realisiert. Oha! »Frau Kollewitz, Sie sitzen gerade auf dem ... Soll ich später noch mal anrufen?« Nach diesem dezenten Hinweis ihres Gesprächspartners merkt sie es auch. Ist das peinlich!

## Sexuelle Verwicklungen

Hätten Spanner in das Schlafzimmerfenster von Melanie und Alexander Hoppelstedt geschaut, so wären sie vermutlich vor lauter Erregung vom Baum gefallen. Einen bequemeren Zuschauerplatz hatten die Mitarbeiter des Logistikunternehmens, für das Alexander arbeitete. Vor ein paar Stunden, nämlich am späten Nachmittag, hatte er die Termine für den kommenden Tag in einem Bildtelefonat mit der Firmenzentrale abgestimmt, und zwar von seinem Notarbeitsplatz im Schlafzimmer aus. Und als er das Telefonat beendet hatte, hatte er eine Kleinigkeit vergessen. Alexander vergaß dann sogar alles, als seine Frau ins Blickfeld tänzelte, um ihrem Gatten die neue Nachtwäschekollektion vorzuführen, die heute per Post eingetroffen war – unglaublich, diese schwarze Spitze auf der weißen, wohlgeformten Haut – da gab es kein Halten mehr. Mittendrin klingelte sein Smartphone auf dem Nachttisch. Der Boss, ausgerechnet jetzt, dachte Alexander. Na ja, ich gehe mal besser ran, vielleicht ist es was Wichtiges. »Soll ich aufzeichnen?«, fragte der Boss. »Wenn wir das ins Internet stellen, kriegen Sie bestimmt in kurzer Zeit 10.000 Likes!« – »Was ins Internet stellen?«, entgegnete Alexander Hoppelstedt entgeistert – und checkte im gleichen Augenblick aus dem Augenwinkel die rote Leuchtdiode an der Webcam ... »Oh ...«, meinte er matt und so errötend, als wolle er der Leuchtdiode Konkurrenz machen. »Chef, ich mache dann mal Feierabend!«

## Testosteron-Wetten

Es muss natürlich nicht gleich ein Heimporno sein – ein wenig Selbstvergessenheit genügt schon. So wie im Falle von Holger Sackmann, seines Zeichens Ingenieur und gar nicht einmal unglücklich über die Tätigkeit im Homeoffice. Das Zwanglose, Lockere daran gefällt ihm gut, er liebt es, bei seinen Videokonferenzen obenherum im Karohemd (Standardbekleidung von Maschinenbauingenieuren) und untenherum in der Turnhose vor der Kamera zu sitzen, die er immer beim Tischtennis mit seinen Söhnen trägt. Die Sorte Sportbekleidung, die für gute klimatische Verhältnisse sorgt, bei der einem aber schon einmal – Pardon – ein Ei aus der Hose fallen kann. Heute z. B. hat er die letzten Korrekturen an einem ziemlich komplizierten Bauteil durchgesprochen, konnte alle seine Änderungswünsche durchdrücken und fühlt sich deshalb großartig. »Dann bis morgen«, verabschiedet er sich von den Kollegen, schaltet, wie im Meeting üblich, das Mikro ab, richtet sich erst einmal auf wie ein Bär nach dem Winterschlaf, dreht der Webcam jetzt den verlängerten Rücken zu und kratzt sich ausführlich dort, wohin keine Sonne scheint. Die Kollegen haben sich zwar verabschiedet, aber die Verbindung keineswegs unterbrochen. Bei ihnen läuft nämlich eine Wette. Man kennt ja Holger Sackmann – aber wer kennt ihn am besten? Und über das Ergebnis der Beobachtungen freut sich Kollege Detlef Unkelberg besonders, weil sein Wettgegner Elmar Dreist jetzt zahlen muss. »Du hast gesagt, er würde sich die Eier kraulen! Aber in Wirklichkeit hat er sich am A… gekratzt! Das kostet dich fünfzig Mäuse! Her mit den Flocken!«

Männer.

## Nervenkiller Meeting

Mitarbeiter im Homeoffice sind eigentlich die moderne Form von Eremiten, digitale Einsiedler, die im Laufe der Zeit immer sensibler auf Außenkontakte reagieren – auch auf solche, die über das Internet und die Webcam kommen. Dass sich mal wieder jemand blicken lässt – wenn auch nicht analog Auge in Auge – ist ja an sich keine schlechte Sache, aber es gibt ein paar Sachverhalte, die dem wenig sozialen, stressgewohnten Homesiedler auf die Nerven gehen können. Die meisten davon laufen auf Fake Work hinaus – alle tun so, als würden sie fleißig arbeiten, aber es kommt ziemlich wenig dabei heraus …

*Kreuze deine Top 5 Ärgernisse an: Was nervt dich in Meetings am meisten?*

- ❑ schlechte Planung und eine unklare Tagesordnung
- ❑ Überziehen der Zeitplanung
- ❑ viel zu lange Statements, Leute, die endlos reden und nicht auf den Punkt kommen
- ❑ andererseits Leute, die die Zähne nicht auseinanderbekommen
- ❑ mitten im Redefluss unterbrochen werden
- ❑ völlig überflüssige Präsentationen, zum Beispiel mit Keynote oder PowerPoint
- ❑ Teilnehmer, die während des Meetings ausflippen
- ❑ von anderen Teilnehmern ignoriert oder übersehen werden
- ❑ Teilnehmer, die nicht in die Kamera, sondern unentwegt auf ihr Handy gucken
- ❑ Teilnehmer, die mit Nagel- oder Zahnpflege beschäftigt sind oder ihre Pickel bekämpfen

- ☐ desinteressierte Teilnehmer, die bei Facebook, Twitter oder Instagram unterwegs sind

## Vorsicht, Fake Work!

Diese Erscheinung des modernen Arbeitslebens soll hier gesondert erwähnt werden, weil sie sich auch auf ausnehmend tückische Weise im Homeoffice bemerkbar macht. Als *Fake Work* bezeichnet man neudeutsch, was der Bayer vergangener Tage mit dem ebenso schönen wie bildhaften Begriff *Gschaftelhuberei* benannte – die leerlaufende Aktivität um der Aktivität willen, die nach außen hin vor allem einen Zweck erfüllt: Man möchte ungemein aktiv und produktiv erscheinen.

Das Problem betrifft keineswegs nur das Homeoffice: Auch im alltäglichen Arbeitsleben in einem Firmenbüro bilden sich immer wieder Keimzellen von Fake Work, es werden Thesenpapiere geschrieben, Entwürfe erstellt, Präsentationen und Modelle vorbereitet und realisiert, obwohl schon nach nur einer einzigen Sekunde Nachdenken eigentlich klar ist, dass diese Anstrengungen für die Katz sind. Im Büro der Firma bemerkt es oft jemand rechtzeitig – meist ein erfahrener Mitarbeiter oder eine besonders helle Mitarbeiterin – und stoppt den Wahnsinn, z. B. mit einem Satz wie diesem, gesprochen im Konstruktionsbüro des Müllcontainerherstellers Megaconti: »Was machst du da eigentlich? Jetzt warte doch erst mal ab, ob das Projekt Doppeldeckel überhaupt realisiert wird!«

Im Homeoffice fehlt so ein Korrektiv. Die Mitarbeiter brüten im eigenen Saft zwischen Einkaufszetteln, Babyfläschchen und Futter für den Wellensittich und verlieren komplett den Überblick. Das Ergebnis: Es entsteht trotz der widrigen Umstände eine großartige, aber vermutlich vollkommen überflüssige Projektidee oder Präsentation, die er oder sie beim nächsten Meeting vortragen will.

Gesteigert wird die Katastrophe dadurch, dass jeder Einzelne nicht der einzige Mitarbeiter ist, der im Homeoffice Überflüssiges generiert, und jeder will das Geleistete im Meeting gewürdigt wissen. Online sagt niemand dem anderen, dass er kompletten Quatsch produziert hat, denn das würde ja quasi in Echtzeit auf die Bewertung des eigenen Projektes im Meeting zurückschlagen. Also lobt jeder die an sich wertlose Leistung des anderen in den Himmel und so ein Homeoffice-Meeting produziert wahre Wellen von Humbug, die zu nichts führen, schon gar nicht zu einem Produkt, das sich kommerziell für die Firma auswerten lässt. Fake Work eben.

Was kann man dagegen tun? Du hast eine geniale Idee für deine Firma? Ganz ruhig, erst einmal sacken lassen. Drüber schlafen. Mit jemandem drüber reden. Feststellen, dass es so etwas Ähnliches schon gibt? Oder dass niemand so einen Hublubub braucht. Das spart Zeit. Und Geld.

## Welcher Typ bist du im Meeting?

Jetzt hast du lange genug über dich, deine Existenz und dein Leben im Homeoffice nachgedacht und solltest in der Lage sein, dich in dieses einfache Schema der wichtigsten Homeoffice-Typen in ihrer Wirkung auf die Mitmenschen einzuordnen. Wer also bist du?

- **Das Phantom** – Der oder die Unsichtbare behauptet von sich, bei jedem Meeting dabei gewesen zu sein; gesehen hat ihn oder sie aber noch niemand. Kamera kaputt?

- **Das Zottelbärchen** – Dieser Typ existiert in einer männlichen und einer weiblichen Version, sieht immer aus, als verböte ihm oder ihr die Zugehörigkeit zu einer rätselhaften Religionsgemeinschaft die Benutzung von Bürste und Kamm oder als ob er oder sie gerade aus dem Bett käme.

- **Die Gerüchteschleuder** – Die Ordnung in seinem Homeoffice bekommt niemand zu sehen, aber wenn sie irgendwo in einer Telko oder einem Videomeeting auftaucht, genügt ein Satz von ihr, und das kommunikative Chaos beginnt, zum Beispiel so: »Übrigens, ich habe gehört, der Chef will drei von uns rausschmeißen!«

- **Der Multitasker** – Man erkennt schon auf dem Bildschirm, dass er die anfallenden Arbeiten in mindestens fünf Handlungslinien abwickelt, wenn er online ist. Manchmal verwirren sich diese Linien auch zu einem Knoten.

- **Der Nachtarbeiter** – Er ist tagsüber ein Bild des Jammers, weil er chronisch nachtaktiv ist. Möchte am liebsten alle kollektiven Aktivitäten auf die Nachtstunden verlegen.

- **Der Vollprofi** – Er hat alles im Griff. Wenn er dabei ist, können alle anderen getrost abschalten. Es kann nur einen geben!

- **Die Business-Queen** – Sie ist das weibliche Gegenstück zum Vollprofi; wo sie erscheint, wächst kein digitales Gras mehr.

- **Der Wallstreet-at-home-Worker** – Er ist geistig immer ein wenig abwesend, weil er die Börsenkurse auf einem zweiten Monitor verfolgt und hin und wieder ein paar Käufe oder Verkäufe abwickeln muss.

- **Der Workaholic** – Er ist der *Speed King* und, wie alle Suchtkranken, am irren Blick, am unglaublich übersteigerten Arbeitstempo und an einer gefährlich hohen Fehlerquote zu erkennen.

- **Der digitale Vollidiot** – Er gibt ganz offen zu, dass er als Intellektueller digitale Technik und Computer für Teufelswerk und die dazugehörigen Handbücher für eine ihm unwürdige Literaturform hält. Außerdem weiß er schon alles und möchte als Fünfundvierzigjähriger nichts Neues mehr lernen.

- **Die Effiziente** – Sie wirkt immer leicht gehetzt, als ob ihr noch ein Dutzend weiterer Termine im Nacken hängen hätte. Sie will immer mit der nächsten Aktion beginnen, bevor die derzeitige abgeschlossen ist – Stressgefahr!

- **Die Eso-First-Mitarbeiterin** – Sie schwebt über den Dingen, glaubt an Osho, Globuli, Karma und an die naturbelassene Ernährung; auch ihre Kenntnisse über ihren eigenen Beruf sind naturbelassen.

- **Die Gemütliche** – Sie zeigt sich am liebsten auf dem Sofa in einem Kissengebirge mit einer Tasse Tee in der Hand und der Katze auf dem Schoß. Mehr ist von ihr nicht zu erwarten.

- **Die Inspirierte** – Sie wirkt immer, als ob sie gerade vor dem großen intellektuellen Durchbruch oder der Jahrhundertlösung eines Problems steht, liefert aber nur selten.

- **Die Kommunikative** – Im analogen Bereich würde man sie schlichtweg Labertasche nennen. Na ja, im digitalen auch.

- **Die Konzentrierte** – Sie ignoriert selbst familiäre Katastrophen und Weltuntergänge und arbeitet nach einer Schweigeminute für die Opfer entschlossen weiter ...

- **Die Lust-und-Liebe-Worker** – Die beiden leben und arbeiten zusammen und sind ein unschlagbares Team – je nach Arbeitsgebiet ein Segen oder eine Katastrophe für die Firma.

- **Die Mama** – Sie hat nicht unbedingt ein Kind auf dem Schoß, aber Spinatflecken auf der Bluse und einen gehetzten Blick, denn sie muss immer die gesamte Umgebung der Wohnung im Auge behalten und auf Fragen und Katastrophenmeldungen der Kinder reagieren (»Mama, der Alwin hat die Seife gegessen!«).

- **Die Orga-Queen** – Sie hört nicht auf zu organisieren, auch wenn längst alles organisiert ist. Mit ihren Fragen zur Geschäftsordnung und ähnlichen Beiträgen fährt sie jede Teamarbeit gegen die Wand.

- **Tony-ohne-Hose** – Er kommt in der Videokonferenz obenherum perfekt rüber, darf aber nicht aufstehen, das Ferkel …

## Auf der Flucht – softwaretechnisch

Es wird dir alles zu viel mit den ständigen Zoom-Meetings und den Onlinekonferenzen? Du suchst nach einem Ausweg, um dich wenigstens manchmal davor zu drücken? Aber deine Hardware funktioniert perfekt, messerscharfe Bilder, glasklarer Ton – es gibt keinen technischen Grund, mal abzuschalten, weil du die Begründung »Es funktioniert bei mir gerade nicht so richtig, ich bin dann mal kurz weg!« nicht bringen kannst. Auch alle übrigen möglichen Störfaktoren spielen keine Rolle: Die Kinder sind mucksmäuschenstill, es herrscht himmlische Ruhe in deinem Homeoffice, es gibt keine Störgeräusche von außen, keinen Verkehrslärm, kein einziger Nachbar schreddert Astwerk oder mäht den Rasen. Dabei könntest du so dringend mal eine Pause zum Durchatmen brauchen …

Hier kommt die Lösung! Es ist ein Stück Software namens *Zoom Escaper*, das genau das leistet, was sein Name sagt: Du kannst dem nervigen Ereignis für eine Weile entkommen, und zwar quasi auf Knopfdruck. Du musst nur deinen ganz persönlichen Störfaktor wählen. Du könntest unangenehme Echo- oder Halleffekte einsetzen oder eine schlechte Verbindung mit Aussetzern im Bild und Störungen im Ton simulieren, es an der Haustür klingeln lassen, herzzerreißendes Babygeschrei einspielen, penetranten Baustellenlärm für dich einsetzen oder draußen einen Sturm toben lassen. Jede Einstellung ist ein Grund, dich für eine Weile zu verabschieden:

»Es tut mir leid, bei mir gibt es Ärger und ich will euch nicht weiter stören. Ich schalte mal ab und melde mich vielleicht später wieder!« (Vielleicht!)

Allerdings solltest du die angebotenen Möglichkeiten klug nutzen, denn es dürfte dir schwerfallen, ein weinendes Baby zu erklären, wenn du gar keines hast. Auch auf engen Raum begrenzte Wetterereignisse sorgen nach der Konferenz für Verwunderung, wenn das ganze übrige Land sich tagelang über frühlingshaftes Sonnenwetter freute. Ganz leicht zu installieren und zu bedienen ist die Software auch nicht, und für die beruflichen Folgen deines Tuns übernimmt niemand Verantwortung, schon gar nicht der Programmierer ...

## Homeoffice-Knigge

Doch vielleicht lässt sich die digitale Flucht noch einmal abwenden. Durch den digitalen Kosmos kreisen eine Reihe von unausgesprochenen Geboten für das ungestörte menschliche Zusammenleben im Homeoffice, die du vielleicht kennen solltest und die dir die Zusammenarbeit mit Sicherheit erleichtern werden:

- Du sollst keine privaten Fernsehshows in Firmenmeetings zelebrieren, Homeoffice ist kein Weg in eine Medienkarriere!

- Du sollst nicht online das Aussehen deiner Kollegen kommentieren! Guck dir lieber mal an, wie du selbst aussiehst!

- Du sollst nicht den Zoom-Hintergrund deines Nächsten hinterfragen.

- Trage keine klein karierte Kleidung – das tut am Monitor an den Augen weh!

- Trage keine Kleidungsstücke im Nervenschock-Design – das tut in der Seele weh!

- Vermeide überhaupt farbliche Katastrophen: Bluse in Pink zu frühlingsgrünem Hintergrund? Du bist nicht im ZDF-Fernsehgarten!

- Vermeide auch im Sommer allzu weite Ausschnitte – was da zu sehen ist, lenkt entweder von der Sache ab (die weibliche Variante) oder lehrt die Teilnehmer das Gruseln (behaarte Männerbrust).

- Positioniere deine Kamera richtig, wenn sie nicht im Notebook fest eingebaut ist – nicht zu hoch, dann siehst du aus wie Klein Fritzchen, nicht zu tief, denn sonst schaust du auf alle von oben herab. Auf Augenhöhe ist sie korrekt platziert.

- Feiere deine Ankunft nicht bei eingeschaltetem Mikrofon mit großem Hallo, wenn du zu spät kommst! Das geht auch unauffällig!

- Begrüße keinesfalls die Zuspätkommenden, auch wenn sie deine besten Kumpel oder Freundinnen sein sollten!

- Auch wenn du zu Hause bist und dich stark fühlst: Lass die anderen ausreden!

- Halte die Klappe und schalte das Mikrofon aus, wenn du nichts zu sagen hast.

- Vermeide es, während eines Online-Meetings zu essen, auch wenn du sehr hungrig bist. Vor allem Kartoffelchips und Popcorn sind tabu. Du wirst in den nächsten zehn Minuten nicht hungers sterben.

- Stell dein Smartphone aus oder auf Flugmodus. Gespräche in der Konferenz – gleichgültig, ob analog oder digital – gehen gar nicht.

- Vermeide es, die Stimme aus der Finsternis zu sein. Sorge für ausreichende Beleuchtung, es sei denn, du versprichst dir etwas davon, deine Verhandlungen bei Kerzenlicht zu führen …

- Verabschiede dich am Ende der Veranstaltung wie ein Erwachsener – nicht mit winke, winke wie ein Kleinkind!

# Potenzielle Peinlichkeiten

Fernsehserien, in denen das Leben im Büro eine wichtige Rolle spielt, nutzen das volle Fremdschämpotenzial des kollektiven Berufslebens, die Handlung dreht sich immer um die größten anzunehmenden Peinlichkeiten. Es werden viele weitere humoristische Möglichkeiten hinzukommen, wenn die Zuschauer künftig auch noch einen Blick ins Homeoffice werfen dürfen …

## Bis gleich dann!

Mein Gott, was ging da gestern wieder ab! Günni hatte diesen göttlichen Tequila mitgebracht, dazu Salz und Zitrone – waren es zwei oder drei Flaschen? Jedenfalls brummt mir der Schädel, aber was für ein Glück, ich muss ja nicht zur Arbeit, heute ist Homeoffice!, dachte sich Herr Knülles und drehte sich noch einmal um, nachdem er sich ein Alka-Seltzer eingepfiffen hatte. Wie das im Wohnzimmer aussehen muss! Kartoffelchip-Weitwurf ist wahrlich eine Sportart, die ihre Spuren hinterlässt … Jetzt klingelt das Telefon. Welcher Idiot ruft denn so früh an, es ist noch nicht mal … 11:00 Uhr! Wo ist denn meine Hose? Ach ja, die habe ich irgendwo hingehängt, aber wohin?

»Ach, Sie sind es, Chef, ja, klar, ich bin bei der Arbeit, muss ja, ist ja auch schon spät! (zu spät …). Wie schön, Sie sind in der Gegend und wollen mal schnell vorbeikommen wegen der Vertragsunterlagen für Bergmann und Söhne?

Moment, ja, habe ich hier, gleich unter den Unterho .... äh Unterlagen. Ja, bis gleich dann!« Ich werde wahnsinnig ...

Warum muss das ausgerechnet mir passieren?, fragt sich jetzt Herr Knülles. Fünfhundert Mitarbeiter hat die Firma, und ausgerechnet mir will der Chef mal eben schnell etwas vorbeibringen! In der Küche herrscht Chaos. Nicht nur in der Küche – eigentlich überall. Aufräumen? Aussichtslos. Gar nicht aufmachen, wenn er klingelt? Vielleicht kann ich ihn an der Tür abfangen. Wobei ... das Beste wird sein, ich stecke den ganzen Laden in Brand!

## Moment mal, ich hab's gleich!

Zugegeben, von außen betrachtet ist Egbert Dottergold ein ziemlicher Chaot, was die Ordnung auf seinem Schreibtisch angeht. Die Kollegen in der Firma schlagen jeden Tag die Hände über dem Kopf zusammen, wenn sie einen Blick auf seinen Schreibtisch werfen. Gestapelte Aktenordner, Mappen mit Vorgängen, der Monitor gespickt mit bunt gemischten Notizzetteln, auf der Arbeitsplatte eine Mischung aus Büroklammern und anderen Büromaterialien, Knabbergebäck, Lupe, Schere, Schweizer Taschenmesser mit Kombizange und Flaschenöffner. Kronkorken natürlich. Wie sein Schreibtisch aussieht, ist Egbert Dottergold so was von egal, er hat keine Probleme damit, wenn er irgendetwas sucht. Zack! Ein Handgriff und er hat es – erstaunlicherweise.

Ganz anders im Homeoffice: Da räumt seine Frau jeden Abend den Arbeitsplatz auf – auf der Arbeitsfläche liegen nur noch Tastatur und Maus. Akten wandern jeden Abend in den Aktenschrank, Mappen in die Hängeablage, wozu hat man denn einen professionellen Schreibtisch. »Lass die Finger von meinen Sachen!«, schimpft Egbert Dottergold jedes Mal, wenn er sie an seinem Schreibtisch erwischt, und sie sagt jedes Mal »Ja ja ...«, aber in einem Ton, den er schon aus anderen ehelichen Zusammenhängen kennt. Tenor: Red du nur ... Sie macht es wie die Kölner Heinzelmännchen, heimlich, nachts. Und am nächsten Morgen findet er trotz hektischer Suche nichts, aber auch gar nichts mehr. Ehekrise: »Entweder du lässt den Quatsch mit dem Aufräumen, oder ich lasse mich scheiden!«

Wie geht das weiter? Es werden noch Wetten angenommen.

*

Ähnliches kann natürlich auch geschehen, wenn dein mehr oder weniger qualifizierter Lebenspartner nicht nur deinen Schreibtisch und deine Beziehung, sondern auch deinen Rechner für das Homeoffice optimiert. Huch, wo ist bloß die Präsi geblieben?!

## Ich kann mir das auch nicht erklären, Chef!

So kann es dir ergehen, wenn du im Homeoffice arbeitest: In der letzten Postsendung an einen Kunden finden sich zwischen den Kartons mit den Produktproben zwei weitere ... leere Pizzakartons. Wie die da wohl hineingekommen sind? Na ja, wenn man sich so die Ordnung auf deinem Schreibtisch ansieht, was hätte da alles versehentlich in die Post geraten können: eine leere Bifi-Hülle, benutzte und leere Tempo-Taschentücher, Wimperntusche und eine kleine Auswahl an Lippenstiften, eine halbe Rolle Klopapier, deine

Ersatzbrille, ein angebissenes Käsebrot, ein Deoroller, Bonbons und Bonbonpapiere, eine Packung Tampons, eine halbe Dose Katzenfutter samt Teelöffel darin, eine leere Dose Cola und eine Tasse mit kaltem Tee und – noch ein Pizzakarton mit einer halben Pizza.

Nein, Chef, ich kann mir das auch nicht erklären ...

## Hattata, da bittu ja!

Zwischendurch hast du mal ein Stündchen mit den Kindern gespielt, die Affen durch den Wald rasen lassen und das Lied vom Bibabutzemann gesungen, und ausgerechnet in einer derartigen familiären Situation ruft Dr. Grützbacher vom Gewerbeaufsichtsamt an, und du begrüßt ihn am Telefon in besonders freundlicher Kindersprache: »Ja, da bittu ja, du kleinen Stinker!«

Oberpeinlich! Das lässt du dir eine Lehre sein und meldest dich jetzt bei jedem Telefonat mit der folgenden Formel: »Hallo, hier ist die Firma Plenckmüller und Co. KG, Energietechnik, Heizgeräte und Sanitäranlagen, Sie sprechen mit Holger Bimsmeier aus der Fachabteilung für Wärmepumpen, Erdwärme und Solartechnik, was kann ich für Sie tun?« Die Gegenstelle antwortet mit einem deutlichen Prusten und gibt sich dann zu erkennen: »Ich bin's, Thorsten. Kommst du heute Abend zum Skat?« Du sagst zu und widmest dich wieder deiner Arbeit, da klingelte das Telefon schon wieder. Das wird Thorsten sein, irgendeine Rückfrage, denkst du, und nimmst das Gespräch an mit den Worten: »Was willst du denn noch, du alter Wichser?«

Dr. Grützbacher dürfte nicht zu deinen Freunden im Gewerbeaufsichtsamt zählen.

## Das Ende der Romantik

Frau Sulzbacher kann es kaum glauben: Endlich einmal läuft ein Verkaufsgespräch über das Videotelefon wie geplant, rund und abschlussorientiert, mit etwas Small Talk zwischendurch und ja, der Kunde Herr Dr. Brennicke, eigentlich ein Griesgram, hat sogar gelächelt. Geduldig hat sie eine Vertrauensbasis aufgebaut, die Chemie stimmt, ihre Worte schweben auf einer Welle der Glückseligkeit durch den Konsumkosmos, formen ein perfektes kommerzielles Romantikpanorama, ein wahres *Win-Win-Paradise*, nur noch ein paar Randbedingungen sind zu klären, Frau Sulzbacher hört ihre fette Provision schon im Kasten klimpern, da öffnet sich die Tür des »Arbeitszimmers«, das eigentlich die Vorratskammer neben der Küche ist, und Klein Timmy mischt sich mit einem unwiderlegbaren Argument in den gewinnorientierten Diskurs ein: »Mama, mutt Pipi!« Plitsch! Die Seifenblase ist zerplatzt, die gute Gelegenheit verpatzt, Brennicke vergrätzt und – jetzt hat sich Klein Timmy auch noch in die Hose gemacht …

Später, viel später, als Großmutter, wird Frau Sulzbacher immer sagen: Hach, was war das schön, wenn uns die Kinder immer in die Telkos geplatzt sind!

## Was man so alles tun kann, statt zu arbeiten …

Die Vorstellung, womit sich ihre Mitarbeiter im Homeoffice so beschäftigen könnten, hält viele Arbeitgeber davon ab, mit dieser Form von Zusammenarbeit großzügig umzugehen. Der faule Mitarbeiter vor dem Fernseher ist aus der konservativen unternehmerischen Vorstellungswelt schwer zu verbannen. Aber es ist schon richtig: Jeder Arbeitnehmer im Homeoffice hat sich sicher schon einmal Gedanken darüber gemacht, wie er oder sie die Situation gewinnbringend ausnutzen oder was man bei der Arbeit noch so nebenbei erledigen kann ...

*Dolce far niente!*

Statt zu arbeiten, kann man einfach nichts tun – schon mal gemacht? Kommt gut. Jedenfalls für eine Weile. Den ganzen Tag auf der Terrasse oder auf dem Balkon in der Sonne sitzen, Cocktails schlürfen, Prospekte studieren, den nächsten Urlaub planen ... paradiesisch! Allerdings hat exzessives Nichtstun einen entscheidenden Nachteil – es wird schon nach kurzer Zeit langweilig. Mit dieser Art von Paradies haben sich auch schon Menschen herumgeschlagen, die ihren Lebensmittelpunkt auf eine Südseeinsel mit blauem Meer und weißen Strand verlegt hatten, und schon nach kurzer Zeit unter schweren Symptomen von Unzufriedenheit litten, weil das, was sie für Muße hielten, nur simpler, ermüdender Müßiggang war. Kurz: die pure Langeweile! Ein Glück, dass es da Homeoffice-Kontrollmechanismen gibt, die ein Abgleiten der Heimarbeiter ins keineswegs *dolce*, sondern öde *far niente* verhindern.

Aber seien wir mal ehrlich: Auch dir macht es manchmal Spaß, ein bisschen Arbeitszeit nur für dich abzuzwacken ...

*Ich team, du work!*

Ob Homeoffice oder nicht: Die Meinungen über das Arbeiten im Team gehen auseinander. Viele Selbstständige, vor allem aktive Macher, fühlen sich durch Zusammenhänge, in denen im Team gearbeitet wird, total ausgebremst und sagen sich: Ich mach das jetzt selbst, die kriegen das ohnehin nicht auf die Reihe! Befürworter der Teamarbeit hingegen schätzen die gereifte Qualität der Arbeitsergebnisse – behaupten sie wenigstens. Die Meinung der Politik zum Thema ist hinreichend bekannt:

**Wenn du nicht mehr weiterweißt, gründe einen Arbeitskreis!**

Was dabei rauskommt, sehen wir täglich in den Nachrichten.

Wenn du im Homeoffice und im Online-Team arbeitest, solltest du die beste aller Rollen wählen und die Teamleitung übernehmen. So kannst du die anstehenden Arbeiten koordinieren. Du verteilst die einzelnen Aufgaben gerecht auf die Mitarbeiter und wünschst jedem von ihnen gutes Gelingen. Was keiner bemerkt: Für dich selbst ist leider nicht mehr allzu viel Arbeit übrig geblieben. Aber du trägst ja die Verantwortung – das ist doch auch was! Und nachher kassierst du die Lorbeeren – das Team trägt ja schließlich deinen Namen ...

*Chef, das war doch die perfekte Fortbildung!*

Computerspiele spielen während der Arbeitszeit? Das kann man doch nicht machen! Doch, es kommt ausschließlich auf die Perspektive an, mit der man eine Tätigkeit betrachtet. Wissenschaftler schreiben Computerspielen soziale Lerneffekte wie eine Hinführung zur Selbstständigkeit und speziell eine Erweiterung der Teamfähigkeit zu. Ballerspiele wie *Call Of Duty*, *Halo*, *Battlefield*, aber auch Rollenspiele wie *World Of Warcraft* eignen sich großartig als Teamwork-Fortbildung für Führungskräfte, besonders dann, wenn man die eigenen Mitstreiter über *Teamspeak* koordiniert. *SimCity* erweitert die kreativen Möglichkeiten von Städtebauern und Architekten, *Anno 1800* dient als Wirtschaftssimulation allen Volkswirtschaftlern und BWLern, und *Two Point Hospital* bereitet das Personal im Gesundheitswesen auf die harte Wirklichkeit vor. Am Computer spielen? Wer spielt denn hier?

*Nicht den Kontakt zum Kunden verlieren!*

Manche Dinge müssen einfach getan werden, und eigentlich tust du sie auch ganz gerne: Nur keine Schuldgefühle! Du musst zum Beispiel täglich in der Arbeitszeit bei Netflix Serien gucken – viele Serien ... Schließlich musst du ja wissen, was die Kunden oder Klienten schauen, damit du mitreden kannst – so funktioniert *Smalltalk*. Gerade auch in den kreativen Berufen – Werbung, PR, Produktentwicklung – bist du ohne Kenntnis des Unterhaltungsumfeldes deiner Kunden völlig aufgeschmissen. Tiger King? Wer ist das denn? *Queer Eye?* Nie gehört. So etwas darf dir nicht passieren. Wie wunderbar, dass dir diese Möglichkeit im Homeoffice geradezu grenzenlos gegeben ist! Im Büro wäre das nicht möglich. Warum hat Netflix eigentlich noch keine neue Programmabteilung speziell für Homeoffice-Serien im Angebot?

*Aber: Erreichbarkeits-Katastrophen vermeiden*

Schon richtig, im Homeoffice kannst du Dinge erledigen, zu denen du sonst nie Zeit hattest, zum Beispiel die Garage aufräumen, das eine oder andere Zimmer renovieren, endlich das Parkett im Esszimmer fertig verlegen, einen Frühstückskorn in deiner Stammkneipe nehmen oder mal im Ballettstudio nachsehen, wie die Tanzlehrer bei Tageslicht aussehen – aber: Dabei immer hübsch erreichbar bleiben! So richtig kontrollieren, was du wirklich zu Hause machst, können die Menschen in der Chefetage nicht, und sie wollen vielleicht auch gar nicht wissen, was läuft. Aber wenn du ihnen Anlass zu Misstrauen bietest, indem du weder telefonisch noch per digitaler Nachricht zu erreichen bist, und dieser Fall auch noch mehrfach vorkommt, hast du den Salat: Geh lieber davon aus, dass du in den nächsten Tagen in der einen oder anderen Weise kontrolliert wirst, und das kann bis zur Überwachung durch einen Privatdetektiv gehen. Also: Garage, Keller, Kneipe, Tanzstudio oder Smoothie-Bar – das Mobiltelefon immer im Anschlag!

*Der zweite Job*

Irgendwie hat dich dein Beruf nie so richtig ausgefüllt – jetzt könntest du einen zweiten Job annehmen, so nebenher, von zu Hause aus. Für multitaskingfähig hast du dich ja schon immer gehalten, und in deinem ersten Job hast du ja ohnehin nur die Hälfte der Zeit wirklich gearbeitet. Jetzt kannst du zugleich kaufmännische Sachbearbeiterin und Eheberaterin sein, als Buchhalter und als Börsenmakler arbeiten – viele Berufe lassen sich zeitlich perfekt verzahnen. Allerdings solltest du dir für manche Tätigkeiten einen zweiten Telefonanschluss anschaffen und vielleicht einen Tarnnamen verwenden. Spätestens dann, wenn du für die Firma A arbeitest, selbst aber Firma B mit mehreren Angestellten betreibst, könnte es zu eng in deinem Homeoffice werden.

# IT-Katastrophen

Schon innerhalb der vier Wände einer Firma gelingen die schönsten Business-Dramen mithilfe der EDV (Elektronische Daten-Verarbeitung) – heute ja IT (Information Technology) genannt. Weil sich im Homeoffice zu Ahnungslosigkeit und Desinteresse der Computernutzer noch eine gute Portion unkalkulierbares Heimchaos und mangelhafte Netzwerktechnik gesellen, ist mit abenteuerlichen Verwicklungen zu rechnen. Home-IT ist digitales Hardcore. Es entstehen völlig neue Problemkreise und Aufgaben für die IT-Techniker der Firma, die sich dann hoffentlich zu Hause unterstützen, zum Beispiel bei der Beseitigung von Babybrei auf der Tastatur – in der Firma wäre es Kaffee. Aber nicht nur beim Ausfall des Rechners kriselt es – es geht schon bei der Anschaffung los …

## Hurra, die Firma zahlt!

Irgendwo in der Chefetage deiner Firma sitzt ein Mensch, der mitbekommen hat, dass die Zeiten des Holzcomputers mit Dampfantrieb vorbei sind. Hurra, du darfst dir fürs Homeoffice neue Geräte zulegen. Vielleicht darfst du sogar selbst entscheiden, womit du arbeiten möchtest.

*Folgende Alternativen bieten sich an:*

- Tablet – ganz groß im Kommen, könnte demnächst die Computer ablösen
- Mini-Notebook – 9-Zoll-Bildschirm, wird mit Vergrößerungsglas geliefert, sehr handlich, aber nichts für den Haushalt mit Haustieren: es wird hin und wieder von größeren Hunden verschluckt
- Notebook, klein – 12–14 Zoll, lässt sich gut verstauen, schreit aber nach einem zusätzlichen Bildschirm, eine elegante Lösung für beengten Wohnraum
- Notebook, groß – Bildschirm 15–17 Zoll, eigentlich schon fast ein Schlepptop
- Mini-PC – im Grunde genau das Richtige für das Homeoffice, wenn man das Gerät nicht mitnehmen muss, aber ohne Bildschirm geht's nicht
- Desktop – aufrechte Kiste für den echten Mann, der angehängte Bildschirm dokumentiert die Bedeutung des Mitarbeiters für die Firma; je mehr Zoll, desto wichtiger
- Workstation – das Gerät für den Power-Freak, der auch ein Auto mit Spoiler fährt. Keinesfalls auf den provisorischen Schreibtisch stellen! Der bricht garantiert zusammen. Das Gehäuse ist so groß, dass man auch noch ein oder zwei Kaninchen darin halten kann.

*Welcher Datenträger?*

- Festplatte – eigentlich ist die Steinzeit schon vorbei
- SSD 128 GB – schon mal die nächste Größe für den Austausch kaufen
- SSD 256 GB – passt für Text und Kalkulation
- SSD 512 GB und größer – wenn Bilder und Filme eine Rolle spielen

*Bleibt noch die Frage: Welcher Prozessor?*

- preiswert, Unterklasse – heizt gut, arbeitet langsam
- normaler Preis, Mittelklasse – reicht gewöhnlich für alles im Homeoffice
- teuer, Oberklasse – Ego-Verstärker für im Homeoffice isolierte Führungspersönlichkeiten

## Verdammt, der Rechner spinnt

Nicht jeder erhält eigene, leistungsfähige Ausstattung. Krisenpotenzial ohne Ende liefert der gemeinsam genutzte Computer. Kleine Firmen können es sich nicht leisten, ihre Mitarbeiter mit eigener IT auszustatten, und so muss der arme Firmenangehörige im Homeoffice dann das nehmen, was schon vorhanden war. Der Haken an der Sache: kollektive Datenverwaltung sowie ein Lebenspartner/eine

Lebenspartnerin, die nicht nur im Haushalt das Heft in die Hand nimmt und Ordnung schafft, sondern auch auf dem Rechner. Da wühlen dann alle in demselben Datenhaufen herum. Die Folge: Aussagen wie »Ich habe mal unseren Desktop aufgeräumt!« ist für viele nicht nur in der analogen Welt die schrecklichste Nachricht, die sie sich vorstellen können. »Die Festplatte war ja dermaßen voll! So ein Müll! Da gab es zum Beispiel zwei so seltsame Ordner bilnz18 und bilnz19 oder so ähnlich – die habe ich gelöscht –, das waren sicher wieder solche Geisterordner, die du zufällig gemacht hast. Ach ja, und die Tastatur ist kaputt. Die Großmachtaste funktioniert nicht, und das a kann man überhaupt nicht mehr tippen. Ich weiß gar nicht, wie du mit dem Ding arbeiten kannst.«

„Meyer übertreibt mal wieder."

Von der großartigen Möglichkeit virtueller Desktops in Windows 10 hast du auch noch nicht gehört, oder? Und einen gesonderten Benutzer konnte man eigentlich schon immer anlegen. Nein, solche Datenkatastrophen kommen vor, wenn zwei Halbtagskräfte einen Homeoffice-Arbeitsplatz gemeinsam nutzen – der eine vormittags, der andere nachmittags. Dass man auf einem Rechner zwei Benutzer einrichten kann, ist zu vielen Menschen noch nicht durchgedrungen. Und dass man versehentliche Löschungen mit einem Backup bekämpft, ebenso wenig. Wir sind eben digitale Diaspora.

## Ach so, das ist gar keine freudige Erregung, das ist Schamesröte

In einem Fall ist es ein Ordner zu wenig, weil derselbe in den Papierkorb gewandert ist, in einem anderen ist es ein Ordner zu viel, der sich als Mailanhang auf die Reise zu einem Kunden gemacht hat. Es ergibt Sinn, einen Rechner vor der Nutzung im Homeoffice gründlichst zu bereinigen und – nennen wir sie einmal *toxische Inhalte* – präventiv zu entfernen, denn sonst könnte Folgendes geschehen: Frau Gablonsky meldet sich in einem Videotelefonat, offensichtlich hochgradig verärgert. Es ist einer deiner Mailanhänge, der sie so auf die Palme gebracht hat. Dir schwant Schlimmes, du versuchst abzuwiegeln: »Ach so, das ist gar keine freudige Erregung, die ich da gerade in Ihrem Gesicht sehe, das ist Schamesröte ... Ein Dreier, sagen Sie, und ausgerechnet mit dem Klempner? Das ist mir dermaßen peinlich, Frau Gablonsky, ehrlich! Da hat doch jemand auf meinem Computer die Links durcheinandergebracht ...« Und ein paar unterhaltsame YouPorn-Videos in die Arbeitsgruppe geschickt. Hups!

So etwas kann passieren. Aber auch diese Variante hat ihren Reiz: Du beginnst ein Videotelefonat am Rechner und vergisst, dass hinter dir auf dem Flachbildfernseher ein ... sagen wir mal ... *erotischer Kunstfilm* läuft ...

## Schlimmer geht's immer!

Herrn Dümmes gelang es, eine erotische Katastrophe noch zu maximieren: Er hat keine anonyme Nacktheit in den digitalen Kosmos geschickt, er hat den Ordner mit den Fotos seiner Exfreundinnen erwischt. Die eine oder andere der Damen dürfte in Kreisen seiner Geschäftsfreunde und Kunden durchaus bekannt sein. Herr Dümmes hat dem Ordner mit seinen Eroberungen einen etwas ungünstigen Namen gegeben – Expool –, sodass er in der Detaildarstellung auf dem Rechner direkt neben der Darstellung seiner Firma – Exposè – zu finden war. Und wenn man in Eile ist und etwas unaufmerksam und bei der Auswahl eines Mailanhangs in die falsche Zeile rutscht ...

Der Verbleib von Herrn Dümmes ist übrigens noch immer unbekannt, es scheint so, als sei er weiterhin auf der Flucht ...

## Geschützt von Puschelbaerchen2010

Ein Virus hat uns ins Homeoffice befördert, warum soll es nicht auch ein Virus sein, der uns komplett in den Wahnsinn treibt, nämlich ein Computervirus? Wie man ja weiß, ist Deutschland ein digitales Entwicklungsland, und an so einem Ort sind Begriffe wie Datensicherheit, Virenschutz oder auch die regelmäßige Sicherung absolute Fremdwörter. Computerviren haben immer nur die anderen, und sich ein teures Virenschutzprogramm zu kaufen, hat wahrscheinlich der Chef verboten. Nun ja, denkst du dir, so groß ist die Gefahr nicht, du würdest ja niemals auf einen rätselhaften Mailanhang klicken und dir damit den Rechner verschlüsseln. Da stehst du drüber, keine Gefahr.

Und dann das: »Du, Mama, der Rechner macht so komische Sachen …« Dein Sohn wirkt irgendwie schuldbewusst. »Ich war nur mal auf so einer Seite, so eine, die die anderen in meiner Klasse auch immer angucken, und jetzt bewegt sich die Maus von alleine und es blitzt immer so ein Schild auf – da will einer Bitcoins von uns.« – Doch, das sieht schlimm aus, die Maschine ist komplett verschlüsselt. Die Familienfotos – und erst die Firmendaten! »Wer hat dir erlaubt, meinen Rechner …« Du spürst es genau, da braut sich etwas zusammen, gleich kommt er, der Nervenzusammenbruch. »Woher kanntest du überhaupt mein Passwort?« – »Aber Mama, du nimmst doch überall dasselbe – Puschelbaerchen2010!«

Das kann teuer werden.

## Apropos teuer: Virus zerstört die komplette IT der Firma Reichmüller!

Hast du schon mal über den Virenschutz deines Home-Computers nachgedacht? Nicht nötig, meinst du, die paar Dokumente, die ich da bearbeite, der Rest liegt doch sowieso auf dem Firmenserver, und alles, was ich neu gemacht habe, lade ich genau dorthin hoch. Na klasse.

Möchtest du die folgende Schlagzeile in eurer Lokalzeitung lesen: »Virus im Netzwerk – totaler Datenverlust bei der Firma Reichmüller – der Killer kam aus dem Homeoffice!«? Ja, das kann dir passieren. Ganz einmal abgesehen davon, wie die rechtliche Situation in puncto Schadenersatz ist – möchtest du der Typ sein, der alle Mitarbeiter deiner Firma in den Ruin getrieben hat?

## Schlichtweg abgeraucht

Du gehörst auch zur Fraktion der absolut sparsamen Techniknutzer? Du kaufst dir zwar teure Klamotten, fährst einen ziemlich luxuriösen Wagen und verbringst dreimal im Jahr einen Urlaub in der Karibik, aber viel Geld für elektronische Geräte gibst du nicht aus. Jetzt sollst du im Homeoffice arbeiten, und die Firma hat kein Geld für neue Hardware. »Jeder hat doch ohnehin einen Rechner zu Hause!«, hat deine Chefin gesagt, die auf derselben Welle surft. Nicht einmal ein neues Handy gönnt sie sich, ihr Nokia 3310 hat unterdessen Kultstatus.

Kaum zu glauben, du hast es am Wochenende getestet, auf Opas altem Pentium-4-Rechner läuft allen Ernstes Windows 10! Warum nicht, das Gerät ist ja erst knapp 20 Jahre alt. Neben dem Betriebssystem kannst du zwar immer nur ein Programm laden, aber das genügt doch. Die uralte Festplatte rattert und knuspert so schön, E-Mail funktioniert, im Internet kriegst du ständig nur Fehlermeldungen, irgendwas mit Java oder Flash, aber was soll's? Viel Geld gespart! So entwickeln sich deine Überlegungen, bis ... ja, bis es eines Morgens nach dem Einschalten so merkwürdig nach verkohlter Platine riecht und kleine blaue Rauchwölkchen aus den Lüfterschlitzen aufsteigen. Dein Traum von preiswerter IT-Ausstattung endet mit einem Blitz und einem scharfen Knall. »So hört es sich an, wenn ein überalterter Kondensator explodiert!«, bestätigt der Experte, der den neuen Rechner geliefert und eingerichtet hat …

# Die lieben Kollegen – und du …

Homeoffice ist wie Trekking in der Wildnis – man ist einsam, aber glücklich und spricht oft tagelang mit keinem Menschen. Die Belegschaft ist weit weg – das kann erhebliche Folgen haben. Ach ja, die Kollegen, was soll ich dazu sagen?, antwortest du jetzt sicher. Du denkst, sie fehlen dir keineswegs, und das, was du über sie sagst, hört sich nicht eben freundlich an: Du schließt sie nicht gerade in deine Nachtgebete ein, die nervenden Klugscheißer und Alleinikowskis aus deinem Team, die Feierabend-Überwachungs-Cops aus der Personalabteilung, die Chefzäpfchen vom Sekretariat, die Aufzugsfurzer aus dem Lager oder die Diplom-Arschlöcher aus der Qualitätskontrolle.

Hast du je gedacht, dass du sie mal vermissen würdest? Manche sind beinharte Konkurrenten, viele nerven ziemlich, und dennoch gibt es da einige, die sind schon fast … wie sollte man sagen … Freunde? Oder fast schon Familienmitglieder, mit denen man sich gern privat austauscht, aber auch berufliche Ideen und Überlegungen bespricht. Fehlt dir der Tratsch, vermisst du vielleicht sogar die platten Machowitze von Kollege Deppenheimer?

Je länger du darüber nachdenkst, desto klarer wird dir: Im Homeoffice bist du allein, schon fast einsam, vieles geht dir verloren. Du stellst fest, dass du sie zu ganz unterschiedlichen Zwecken brauchen könntest, die lieben Kollegen, zum Beispiel als Publikum für deine bewährten alten Witze und um deine beginnende Karriere als Einsiedler zu stoppen. Lauert da nicht irgendwo … stille Verzweiflung? Hast du nicht gestern schon dem Paketboten dein schönstes

Lächeln geschenkt und ihn gefragt, ob er nicht dein Freund sein möchte ...?

Verschieben wir das Gefühlsleben auf später – schau dir mal die praktische Alltäglichkeit an ...

## Neues vom Flurfunk

Den Flurfunk zum Beispiel – der Informationsaustausch auf dem Weg zwischen zwei Büros. Wenn er wegfällt, bleibt vieles auf der Strecke – das zwischen Tür und Angel weitergegebene Gerücht, der Tratsch wer mit wem und wer schon wieder einen neuen Firmenwagen fährt ... Du machst dir schon Sorgen, dass sich die Firma in eine falsche Richtung entwickeln könnte, kannst diese Befürchtung aber mit niemandem besprechen? Im Büro könntest du Einfluss nehmen, mit den Kollegen Intrigen schmieden, Fraktionen bilden, Meinungen ablehnen oder unterstützen – das ist jetzt alles vorbei. Per Telefon geht das nicht gut, aus Gesprächsversuchen zu diesem Thema wird schnell etwas Künstliches, so eine Art soziale Kaltakquise. Und per Mail würdest du gefährliche Spuren deiner Verschwörungen hinterlassen. Könnte es sein, dass es Zeit wird, mal wieder in der Firma vorbeizuschauen?

H
KUSCHEL
HASE

## Sag mal, Corinna, weißt du vielleicht ...

Niemand ist allwissend, nicht einmal auf seinem Fachgebiet. Du weißt also etwas nicht, und es geht um etwas ganz Spezielles, die Firma betreffend, was auch Google garantiert nicht weiß – mal eben beim Kollegen nachfragen? Im Homeoffice müssen zwischen dir und deiner Informationsquelle einige Zwischenschritte überbrückt werden. Hach ja ... im Büro ginge das direkt. Mal ehrlich: So manches Mal verschiebst du so ein Problem somit auf den Sankt-Nimmerleins-Tag.

## Wohin denn nun mit den Aggressionen?

Wieder hat der Chef eine falsche Entscheidung getroffen oder den Falschen befördert. Du kochst innerlich und musst unbedingt Dampf ablassen – wie wunderbar ging das in der Firma mit deinen Kollegen! Jetzt kriegt den Ärger zu Hause der Hund ab, oder der Frust kriecht heimtückisch in die Beziehung. Dein Partner/deine Partnerin weiß das bereits und kann feinste Nuancen im Klang deiner Stimme und in deinem Gesichtsausdruck deuten: »Na, wieder Ärger mit der Gantenbeck aus der Marketingabteilung? Ich halte mich da raus!« In einer solchen Situation gehen Lebensgefährtinnen und -gefährten in Deckung, auf Tauchstation, suchen lieber sicheres Terrain auf – und nehmen den Hund gleich mit. Was machst du jetzt?

## Revolution verschoben

Die organisierte Arbeiterschaft ist in Gefahr, der Klassenkampf stockt, Gewerkschaftstreffen oder Betriebsratssitzungen sind per Zoom so eine Sache. Geht, aber geht anders besser. Agitationsreden und griffigen politischen Slogans fehlt auf dem Bildschirm das Begeisternde, aus dem Arbeiterführer mit Charisma wird nur ein weiteres herumhüpfendes gepixeltes Männchen. Auch die flammende Rede der Betriebsrätin verraucht mehr oder weniger ungehört, weil die schlechte Sound-Hardware aus ihren Worten einen schwer verdaulichen Audiobrei produziert. Hoffentlich findet der nächste Tag der Arbeit nicht nur virtuell statt …

## Nur nicht hintersinnig werden!

Die Gespräche mit deinen Kollegen sind alles andere als auf einem hohen kulturellen Niveau. Immer dieselben Witze, die überflüssigsten aller überflüssigen Themen: Shopping, Autos, die Bausparkasse, günstige Versicherungs- oder Mobilfunktarife, Tratsch. Es ist wie mit den Seifenopern oder dem kompletten Privatfernsehen – auf den ersten Blick überflüssiger Junk. Im Homeoffice fehlt das, und eine ganz andere Art von Gedanken bricht sich Bahn. Werde ich hier sitzen und Belege abheften, bis ich steinalt bin? Wozu das alles, richtig Karriere mache ich doch nicht. Warum sehe ich den Tulpen da drüben in der Vase beim Sterben zu? Wer hat mir die Wurzeln abgeschnitten? Sterben wir nicht alle, immer, in jedem Augenblick? Wie lange dauert es noch, bis ich mir die Radieschen von unten ansehe? Wie gut wäre es, wenn jetzt Kollege Schnappsnas von seinem letzten Besäufnis am

Wochenende erzählen würde, der alte Angeber? Oder wir uns alle das Maul darüber zerreißen könnten, dass die Hose vom Chef viel zu eng und die Bluse von Frau Geiling fast durchsichtig ist?

Ja, schon möglich, dass es im Homeoffice eine Tendenz zur Vereinsamung gibt. Aber die hat noch ganz andere Auswirkungen ...

## Beförderung? Keine Chance!

Eigentlich hättest du dir ausgerechnet, in diesem Jahr zum Oberabteilungsleiter des Einkaufs der Abteilung Socken/Kurzwaren im Kaufhaus Knobel aufzusteigen, aber nun bist du schon ein paar Wochen im Homeoffice und hörst von der Angelegenheit wenig – eigentlich gar nichts. Du hast schon die schlimmsten Vermutungen: Man hat dich vergessen. Vergessen nicht wirklich, aber irgendwie hat dich die Chefetage nicht mehr auf dem Schirm: Ursprünglich wollten wir ihn schon im Frühjahr befördern, aber der ist ja nie da!

Nie da? Du arbeitest jeden Tag acht Stunden ... na ja, so ungefähr acht Stunden im Homeoffice und bist bei mindestens vier Online-Meetings in der Woche dabei, und eines davon leitest du sogar, und dabei machst du eine großartige Figur. Nur: Von dieser Seite lernen dich die Menschen, die über deine berufliche Zukunft zu entscheiden haben, leider nicht kennen. Wer nämlich online, wo die Arbeit gemacht wird, nicht dabei ist – das sind sie!

Es ist zum Auswachsen! Schlimm. Aber jetzt beruhige dich erst einmal wieder, du könntest jetzt etwas Entspannung brauchen, vielleicht sogar auf Kosten der Herrschaft aus den oberen Etagen ...

## Du arbeitest zu lange im Homeoffice, wenn …

Die Grenzen zwischen Arbeits- und Freizeit verschwimmen, wenn du eine oder mehrere der folgenden Beobachtungen bei dir selbst machst. Du bist zu lange im Homeoffice, wenn …

- du nichts mehr essen kannst, ohne dabei auf einen Bildschirm zu starren
- du schon Hunger bekommst, wenn du einen Bildschirm siehst
- du mit Familienmitgliedern nur noch über E-Mail, WhatsApp oder Signal kommunizierst
- deine Bekannten und Nachbarn deine beruflichen Dienste kostenlos in Anspruch nehmen, ohne dafür zu bezahlen, weil sie deine Arbeit für dein ganz privates Hobby halten
- deine Fußnägel in der Auslegeware festgewachsen sind
- deine Kollegen denken, sie seien deine Freunde
- du dich fragst: Wann war ich eigentlich das letzte Mal draußen?
- deine Kunden oder Klienten denken, sie seien deine Freunde
- du auch in deiner Freizeit bei Anrufen an dein Firmenhandy gehst

- du freiwillig an freien Tagen und im Urlaub arbeitest
- du jede Nacht von der Arbeit träumst
- du spätabends und mitten in der Nacht mit deinem Chef schreibst
- du spätabends und mitten in der Nacht mit deinen Kollegen schreibst
- das Mobiltelefon, auf dem der Gruppen-Chat läuft, zu rauchen beginnt
- du bisher nicht bemerkt hast, dass deine Familie ausgezogen ist

# Homeoffice interaktiv

Immer nur arbeiten – das kann doch nicht gesund sein! Nimm dir zwischendurch etwas Zeit (ruhig auch ein bisschen von der Arbeitszeit abzwacken), um neue Kräfte zu sammeln und deine professionellen Energiespeicher wieder aufzuladen. Millionen von Heimarbeitern in aller Welt haben da spannende Lösungen gefunden.

## Bullshit-Bingo!

Über langweilige Konferenzen hast du hier schon einiges gelesen. Aber müssen sie so sein – quälend monoton, langweilig wie der ZDF-Fernsehgarten? Durchaus nicht! Besonders ein geniales Spiel, das ganz und gar unauffällig im Hintergrund läuft, kann jedes Zoom-Meeting oder jede Vertriebskonferenz spannend wie das Elfmeterschießen im Pokal machen: Bullshit-Bingo.

So funktioniert es: Du hakst während der Konferenz jeden genannten Begriff ab, der auf deiner Liste steht – wenn du fünf durchgestrichene Felder in einer Reihe – senkrecht, waagerecht oder diagonal – nachweisen kannst rufst du lauthals: **Bullshit!**

| | | | | |
|---|---|---|---|---|
| Kunden-bindung | No-Go | Buzzword | Beamen | Cloud |
| IT-Sicherheit | Synergie | CEO | kreativ | Telko |
| Innovation | Audit | Digitali-sierung | To-do | Diskurs |
| Kompetenz | ergebnis-orientiert | Zielgruppe | im Trend | che-cken |
| Budget List | Brain-storming | Win-win | Globali-sierung | Bench-mark |

Ihr redet über ganz andere Dinge, du und deine Kollegen? Die Führungsetage benutzt ein ganz eigenes Business-Speech-Vokabular? Hier das Leerformular für deine ganz spezielle Version des Spiels:

| | | | | |
|---|---|---|---|---|
| | | | | |
| | | | | |
| | | | | |
| | | | | |
| | | | | |

Noch ein wichtiger Hinweis: Es ist anzuraten, Diskussionen bezüglich etwaiger Preisverleihungen vor dem Meeting durchzuführen.

## JA, ICH BIN GENERVT, WEIL …

Natürlich könntest du gleich damit beginnen, ein Homeoffice-Tagebuch zu schreiben, aber dafür dürfte dir, wenn du deine Arbeit zu Hause ernstnimmst, die Zeit fehlen. Vielleicht kannst du aber ein paar Minuten entbehren, um dir eine Portion Ärger von der Seele zu schreiben. Vergiss aber dabei nicht, dass du dir einen Großteil des Ärgers selber machst. Der Satz »Das Klo könnte auch mal wieder geputzt werden!« fällt dir schon, wenn du ihn nur gedacht hast, sofort auf die Füße.

*Ja, ich bin genervt, weil …*

## Die blödesten Durchhalteparolen

Bereite dich schon einmal geistig darauf vor, dass deine lieben Mitmenschen dir ihre Unterstützung für deinen mutigen Kampf im Homeoffice sprachlich zum Ausdruck bringen wollen. Hier findest du schon mal so einiges, was du zu hören bekommen wirst.

- Wir schaffen das!
- Du bist nicht allein! Wir alle wissen: Du tust das für uns!
- Ja, liebe Kollegin im Homeoffice, du tust heute etwas, auf das du morgen stolz sein kannst!
- Wir schaffen die Krise, nicht die Krise uns!
- Mach deine Sache, Kollege an der Heimatfront!
- Du brauchst keinen Schreibtisch in der Firmenzentrale, du hast einen Platz in unseren Herzen!

## Mein liebster Euphemismus

Worte können so glashart sein – aber muss man immer alles sofort exakt auf den Punkt bringen? Warum also nicht einmal einen unliebsamen Sachverhalt beschönigen? Viele Zusammenhänge, die das Homeoffice betreffen, lassen sich auch weicher, verbindlicher ausdrücken ...

- **Herumtrödeln:** Brainstorming, Kreativpause, Lösungssuche, nach dem Flow suchen

- **stundenlang pennen:** Kräfte sammeln, ein Nickerchen machen, den Akku aufladen

- **am frühen Morgen Alkohol trinken:** sich einnorden, auf Betriebstemperatur bringen, den Stoffwechsel normalisieren

- **sich verspäten:** den Tag gelassen beginnen, locker am Start sein, etwas temporär prokrastinieren, sich erst einmal einen Überblick verschaffen

- **völlig unvorbereitet sein:** von dringenderen Angelegenheiten abgelenkt worden sein, den letzten Stand der Dinge noch nachvollziehen müssen, unter einem unverschuldeten Informationsdefizit leiden

- **einen schweren Fehler machen:** von unvorhergesehenen Schwierigkeiten in die falsche Richtung gelenkt worden sein, unerwartet mit einer die Kompetenz überfordernden Aufgabe konfrontiert worden sein, von Kollege XY falsch informiert worden sein

- **nicht erreichbar sein:** dringende Außentermine haben, vermutlich eine Telefonstörung haben, Industriespione durch unerwartete Abwesenheit irritiert haben

- **etwas ganz anderes machen:** auf einer privaten Fortbildungsveranstaltung sein, Konkurrenzrecherche, eine spontane Marktforschungsuntersuchung durchführen

# Homeoffice-Wellness

Da die komplette Businesswelt aus Denglisch besteht, glänzt dieses Kapitel mit einem entsprechenden Titel. (You're welcome.) Sprachlich traditioneller ausgedrückt, könnte die *Headline* auch lauten: Dein Heimbüro und das körperliche Wohlbefinden. Wie immer man es ausdrückt: Es geht um Körper, Geist und Seele im Homeoffice und die Sorge darum, dass sich jedes von den dreien wohlfühlt und keines den Arbeitsplatz zu Hause unerwartet verlässt …

## Die Kantine@home ist grauenvoll!

Ein schlechter Homeoffice-Witz oder Wirklichkeit? Ziemlich eingeschränkte Ernährungsmöglichkeiten sind Realität, zumindest für die männlichen Brigaden in der Armee der Heimarbeit – Frauen sind da manchmal etwas weiter in der Kantine@home …

*Way too hot!*

Kollegen, die neu im Heimeinsatz sind, konsumieren manchmal die merkwürdigsten Lebensmittel. Herr Leckermann zum Beispiel, bisher im Außendienst beschäftigt und daher mittags Gast in zahlreichen Restaurants mit ausgezeichneter Küche, vermisst dieses hohe Niveau der Gastronomie sehr. Aber er hat mal irgendwo bei einem Kunden gesehen, dass die Mitarbeiter sich zum Mittag asiatische Nudelgerichte kochten und diese in den höchsten Tönen lobten. »Wasser in den

Topf, Nudeln rein, Gewürzmischung, in zwei Minuten fertig! Schmeckt wunderbar, macht satt und kostet so gut wie nix!«, war die allgemeine Meinung zum Produkt aus Fernost. Na ja, dachte sich Herr Leckermann, ich bin ja flexibel. Sie sagen ja, dass es schmeckt. Warum umständlich kochen, wenn es doch auch so einfach geht! Also: Nong-Shim-Nudelsuppen im Internet bestellt, gleich die große Kiste mit zwanzig Portionen und dazu noch sechzehn Mal Yum-Yum mit Ente-, Rind-, Shrimps- und veganem Flavour. Am nächsten Tag kommt die erste Lieferung, Herr Leckermann ist begeistert! Das geht ja wie geschmiert! Wasser in den Topf, Nong-Shim-Nudeln dazu, die seltsamen kleinen Gewürzbeutel aufgeschnitten, zwei, drei Mal umrühren, fertig, ab damit in die chinesisch anmutende Porzellanschale. Eine Portion Nudeln aus der Suppe heben, kurz pusten, hineinbeißen und …

**Aarghhh!**

Krächz! Fast ersticken! Gut, da stand »scharf« auf der warnend roten Packung, aber das Zeug ist ja so was von ultrascharf! Mindestens fünf Millionen Punkte auf der nach oben offenen Scoville-Skala! Vermutlich bedeutet Nong Shim auf Koreanisch *von tödlicher Schärfe*. Wie es schmeckt? Keine Ahnung, alle Geschmackszellen sind abgestorben. Vor nächster Woche schmeckt Herrn Leckermann erst einmal überhaupt nichts mehr …

*Is mir übel!*

Herr Leckermann ist geheilt und kehrt reumütig zum europäischen Kulturkreis und bewährter Industrienahrung zurück. Leider ist das nächste brauchbare Ressort mit Mittagstisch nicht so einfach zu erreichen, er kann definitiv nicht kochen, und so gibt es in den nächsten Tagen kalte Ravioli aus der Dose und außen leicht verbrannte, aber innen noch gefrorene Pizza aus der Tiefkühltruhe. Auch leckere Discounter-Dosengerichte kommen auf den Tisch und verhindern zwar Herrn Leckermanns unmittelbares Verhungern, hinterlassen aber einen faden Nachgeschmack. So eine Pampe kann doch nicht gesund sein!

Schon nach wenigen Wochen können sich manche Heimarbeiter im eigenen Cholesterinspiegel rasieren. Herr Leckermann beschließt, sich jetzt ausschließlich von Dönertaschen zu ernähren. Die sollen ganz gesund sein, hat er mal irgendwo gelesen, und so macht er sich mittags auf in die Imbissbude an der Ecke – mit verblüffenden Folgen. Rate mal, wen er dort trifft? Seine Kollegin Frau Dösner aus dem Lager, seinen Kumpel Thorsten Bratmann aus der Qualitätskontrolle und Herrn Öztürk vom Sicherheitsdienst.

*Neue deutsche multikulturelle Küche*

Es entwickelt sich in Zeiten von Homeoffice eine ganz neue, meist männlich geprägte Küchenkultur. Deren klägliche Rezepte: verkohlter Toast, versalzenes Gulasch, zu harte Nudeln und zu weiche Kartoffeln als Vorspeise bis auf einen winzigen Rest Flüssigkeit eingekochte Suppe. Derartige Kreationen treiben Männer in die Imbissbuden, und der regionale Lieferservice blüht in den Homeoffice-Regionen der deutschen Großstädte wie noch nie. Pizza und Burger in mehreren Hundert Varianten, Currywurst, Pommes frites rot-weiß aus der Styroporbox, aber auch Murgh Sabij, Thai-Curry. Döner, Gyros und Falafel werden langsam zu Standardgerichten der deutschen Küche. Noch beeindruckender als die Varianz der Gerichte sind allerdings die Köche und Köchinnen, welche die Speisen zubereiten: Araber kochen italienisch, Inder amerikanisch, Russen bereiten indische Spezialitäten zu und Türken kreieren Jägerschnitzel ... ein wahrer Rausch der Kulturen und ein wunderbares Beispiel dafür, wie gut doch Integration funktionieren kann. Wenn es nur genauso gut schmecken würde ...

## Das könnte knapp werden

Von nun an bist du also allein für die Versorgung verantwortlich – ganz gleich, wo sich dein Heimbüro befindet. Die folgenden Lebensmittel und Haushaltswaren könnten dort, wo du als Weltbürger oder Weltbürgerin arbeitest, schon einmal knapp werden, wenn es hart auf hart kommt, zum Beispiel in einer Viruskrise.

- Deutschland: Klopapier und Nudeln
- Frankreich: Kondome und Rotwein
- Israel: Klopapier und Konserven
- Italien: Zigaretten und Grappa
- Niederlande: Haschisch und Käse
- Österreich: Klopapier und Mehl
- Schottland: Whisky
- Spanien: Klopapier und Nudeln
- Türkei: Kölnisch Wasser

- USA: Waffen und Medikamente

- Bulgarien: Vitamin C und Zitrusfrüchte

*Schnurrende Mitesser*

In der Werkskantine wäre die im Folgenden geschilderte nette Form eines Mittagessens für Herrn Angler nicht möglich gewesen. Trotz seines Namens isst Herr Angler nicht unbedingt gern Fisch, aber seit er im Homeoffice arbeitet, öffneten seine geschickten Hände viele ovale Dosen mit Sardine und Sardelle, Hering und Lachs. Eine Scheibe Brot dazu – ein schneller Mittagsimbiss, es ist eben praktisch. Aber auf Dauer auch ganz schön monoton – schon der Geruch der Dosensaucen verursacht ihm mittlerweile leichte Übelkeit – oder liegt es nur daran, dass er mittags immer allein essen muss? Eine Art psychologische Übelkeit sozusagen?

Seit er bei Thunfisch angekommen ist, ist alles besser. Ja, Thunfisch ist eine Delikatesse, sogar aus der Dose – nicht nur für Menschen, sondern auch für Katzen. Seit Thunfisch auf dem Tisch steht, muss Herr Angler nicht mehr allein essen. Minka, die Familienkatze, schlich zunächst wie die sprichwörtliche Katze um den heißen Brei und schnupperte – doch, der Geruch von Thunfisch sagte ihr zu. Jetzt sitzt sie pünktlich um zwölf Uhr auf dem Platz daneben, wenn Herr Angler eine Thunfischdose auf den Esstisch stellt und den Dosenöffner aus der Schublade angelt. Herr Angler verfeinert seinen Thunfisch als Salat, mit Öl und Essig, ein paar Erbsen und Zwiebelstückchen dazu, das Ganze gewürzt mit Salz, Pfeffer und Oregano. Minka nimmt ihre Portion pur – *tuna nature* sozusagen. Und wenn sie dann fein säuberlich die letzten Stückchen aus der Dose schleckt, ist die Mittagspause vorbei und zwei Lebewesen sind glücklich.

Danke, Hochseefischer, und geht bitte fürsorglich mit den Delfinen um!

*Populäres aus der Homeoffice-Cuisine*

Bei dieser Liste handelt es sich um einen Versuch, den Status quo in etwa festzuhalten – wie der DAX ändert sich diese Liste von Tag zu Tag. Auch gibt es große regionale Unterschiede, die hier leider nicht erfasst werden können.

- One-Pot-Gerichte (früher Eintopf)
- Tiefkühlpizza – Lieferdienst-Pizza – Pizza von gestern
- Pampe aus dem Tuppertopf (hast du gestern eingefüllt, weißt aber nicht mehr, was es war)
- super scharfe Asia-Nudeln
- Aldi-Roulette (Lebensmittelkonserven ohne Etikett gefunden)
- Spaghetti mit Ketchup
- Pommes frites mit Cola, gern auch kalt
- Synthetiknahrung (Protein)
- ein Spaziergang durch den Kühlschrank (was gerade so da ist)

*Wer isst, muss auch trinken*

Kaffee, Tee, Kräutergebräu, Mineralwasser und ganz besondere Cocktails sorgen für ausreichende Flüssigkeitsversorgung im Homeoffice. Dabei sind folgende Aspekte zu beachten:

- Die Anschaffung eines Kaffeevollautomaten bringt nicht unbedingt Vorteile mit sich. Die Geräte sind ausgesprochen wartungsintensiv und benötigen mehr Aufmerksamkeit als ein Mitarbeiter, der ausschließlich zum Kaffeekochen eingestellt wurde.

- Vor der Rückkehr zu löslichem Pulverkaffee unbedingt den Magen säurefest auskleiden lassen!

- Tee wirkt bedeutend anregender und vor allem länger als Kaffee und du musst die Arbeit seltener unterbrechen. Außerdem schmeckt er auch abgekühlt immer noch besser als kalter Kaffee. Allerdings solltest du bedenken, dass viele Menschen die halbe Nacht nicht schlafen können, wenn sie nach sechzehn Uhr schwarzen oder grünen Tee zu sich nehmen.

- Exotische Teegetränke wie Mate wirken zwar belebend und erfrischend, können aber durch umfangreiche Teezeremonien bei der Zubereitung allzu viel Arbeitszeit kosten. Aufgemerkt!

- Kamillen-, Pfefferminz- oder Malventee können gefahrlos getrunken werden, verpassen dem Heimwerker aber keinerlei Kick. Kümmel- und Fencheltee lösen auch im Homeoffice unerwünschte Spannungen, das allerdings mit unangenehmen Gerüchen verbunden.

- Bei den Kaltgetränken sollten alle süßen Varianten im Homeoffice vermieden werden, weil sie gewaltig zum Gewicht des Heimarbeiters/der Heimarbeiterin beitragen – Gewicht nicht im Sinne von Bedeutung für die Firma, sondern als Körpervolumen gemeint. Plörre mit Zuckerersatzstoffen ist auch nicht besser – nicht umsonst werden diese in der Schweinemast angewandt. Nur zwei Getränke erfüllen das Kriterium zuckerfrei – Mineralwasser und solches aus der Leitung.

- Power-Drinks vereinen viele Eigenschaften in sich und liefern dem Mitarbeiter im Homeoffice einen Zuckerschock, flatternde Nerven wegen zu viel Koffein und das beunruhigende Gefühl, etwas zu sich genommen zu haben, über dessen Zusammensetzung die Wissenschaft noch rätselt und er besser nicht alles weiß …

- Besonders gefährlich: der Kasten Bier, der eigentlich für den Feierabend gedacht ist, steht immer griffbereit.

- Harte Getränke über fünfunddreißig Volumenprozent Alkohol machen das Homeoffice kurzfristig erträglicher, geben aber der eigenen Karriere auf Dauer eine unangenehme Richtung …

## Power-Napping

Power-Napping ist ja ein bekanntes Verfahren, um im Büro die Arbeitskraft des vom Vormittag entkräfteten Personals wieder auf ein Maximum zu bringen. Die Japaner sollen das erfunden haben, da pennen ganze Firmen mittags unter dem

Schreibtisch laut schnarchend wie ein alter Samurai oder still und leise wie ein Baby. Was für Besucher auf den ersten Blick befremdlich wirkt, ist für das Unternehmen ausgesprochen positiv: Schlafende Mitarbeiterinnen und Mitarbeiter, ja, eine ganze eingepennte Abteilung, versprechen für die nachfolgenden Arbeitsstunden einen enormen Leistungsschub. Na ja, enorm ... auf jeden Fall sind alle ausgeschlafen.

Im Homeoffice ist das allerdings so eine Sache. Während man in der Firma, also in einem normal eingerichteten Büro, auf dem mehr oder weniger bequemen Bürostuhl sein Nickerchen erledigt, sind die Möglichkeiten zu Hause doch ganz andere. Hier könnte man doch – besonders nach einem recht reichhaltigen Mittagessen – die Ruhephase ins Schlafzimmer verlegen. Das Bett ruft ...

Es schreit schon fast: Hier bin ich, komm zu mir, was quälst du dich mit diesem unbequemen Bürostuhl herum, darauf kriegst du ja doch kein Auge zu!

Also gut, es sieht ja keiner. Das Mobiltelefon nimmst du mit, sackst in die Kissen, rutschst in Nullkommanix rüber in das Reich der Träume und – jetzt schläfst auch du wie ein Baby – oder wie ein Samurai. Aber nur zehn Minuten, das ist dein Powernap-Limit. Gut, gestern Abend ging es etwas lang, du bist ein bisschen müder, als du sein solltest. Die gute Matratze, das kuschelige Federbett – das tut dir sooo gut! Den Telefontermin um fünfzehn Uhr hast du aber nicht vergessen, oder? Natürlich nicht! Bis fünfzehn Uhr sitzst du längst wieder am Computer ...

Fünfzehn Uhr, das Telefon klingelt, Videoanruf! Du könntest jetzt einfach liegen bleiben und das Gespräch annehmen – aber was, wenn die da im Büro deinen Kuschelbär oder deine Batman-Bettwäsche sehen?

Also raus aus den Federn, dir wird schwindelig wegen des Blitzstarts, du wankst rüber zum Bürostuhl, nimmst den Anruf an. »Hallo, schön dich zu ...«, hörst du deinen Gesprächspartner sagen, dann stockt er, du bemerkst seinen besorgten Gesichtsausdruck. »Sag mal, geht es dir nicht gut? Du siehst ja dermaßen fertig aus! Total dösig! Mach doch mal ein Nickerchen – schon mal was von Power-Napping gehört?«

Eine andere, vielfach bewährte Art der Entspannung praktizieren im Homeoffice aktive Menschen weltweit mit großem Erfolg ...

## Homeoffice-Yoga

Du spürst es deutlich: Jetzt besuchen dich alle Ärgernisse der westlichen Zivilisation in den eigenen vier Wänden: Stress, Bewegungsmangel, schlechte Ernährung und viel zu viel Arbeit – sieht so dein Homeoffice aus? In diesem Fall solltest du zu der mächtigen Waffe greifen, die die fernöstliche Lehre für dich bereithält: Yoga. Werde ein Yogi oder eine Yogini! Hier findest du einige einfache Übungen speziell auf das Heimbüro zugeschnitten.

*Die mentale Schildkröte*

Der Verlauf des Meetings war für dich allzu chaotisch, du bist innerlich aufgewühlt. Setze dich aufrecht auf die Stuhlkante, deine Knie in einer Linie mit den Fußgelenken. Stelle deine Füße hüftbreit nebeneinander. Umarme deinen eigenen Oberkörper mit offenen Händen. Schließe nun deine Augen, und atme dreimal hintereinander tief durch die Nase ein und aus. Denke dabei das Schildkröten-Mantra: »Rutscht mir doch den Buckel runter!«

*Der befreite Kormoran*

Die halsstarrigen Ansichten deiner Chefin oder deiner Kollegen und Kolleginnen haben zu Verspannungen geführt? Lass deinen Kopf langsam von der einen auf die andere Seite kreisen, dann lass die Kreise langsam größer werden, beziehe deine Schultern in die Bewegung mit ein, bis sich dein Hals und dein Gehirn wieder frei und beweglich fühlen. Beende die Übung mit dem Ruf des Kormorans, schalte aber vorher dein Mikrofon ab.

*Die goldene Büroklammer*

Das Meeting läuft noch immer, sie haben gerade deine wohlüberlegten Planungen zerpflückt, du brauchst jetzt etwas, das deine Gedanken stärkt und zusammenhält. Erhebe deine Arme auf Schulterhöhe, lege deine Hände sanft auf deine Stirn, schließe die Augen und atme dreimal ruhig ein und aus. Stelle dir dabei eine große goldene Büroklammer vor, die dein Konzept unangreifbar macht. Schaue dann offenen

Blickes in die Kamera, schalte das Mikrofon ein und rufe lautstark »PÖH!«.

*Das Auge des Buddha*

Auch diese Übung ist für ein Meeting geeignet. Setze dich aufrecht auf deinen Bürostuhl, bilde mit deiner linken Hand einen Ring um dein linkes Auge, lege deine rechte Hand mit sorgfältig geschlossenen Fingern auf deinen Mund. Schaue nun offenen Auges in die Kamera, und atme dabei ruhig. Stell dir vor, dass du Buddha unter dem Bodhi-Baum bist. Rede nicht, beobachte nur, was in den vielen kleinen Fenstern geschieht. Du wirst feststellen, dass du mit erleuchtetem Blick auf das Geschehen schaust und einen inneren unendlich befreienden Lachanfall bekommst.

*Der entspannte Panda*

Bringe die Rückenlehne deines Bürostuhls in die bequemste Stellung nach hinten. Lockere deine Kleidung rund um den Oberkörper, löse, wenn nötig, Gürtel und allzu enge Knöpfe, hänge eine eventuell vorhandene Krawatte über die Schreibtischlampe. Setze dich bequem, verschränke deine Hände über dem Bauch und lege deine Beine auf die Schreibtischkante. Stell dir jetzt möglichst intensiv vor, dass du ein Pandabär bist. Atme ruhig durch und denke an frische grüne Bambussprossen. Wenn niemand im Meeting deine Abwesenheit bemerkt, warst du wohl im Nirvana.

Ich bin ganz im Hier und jetzt...
ABER NICHT BEI DER SACHE, SCHMIDT!

## Fitness im Homeoffice

Sanfte Übungen und Meditationen sind nicht dein Ding oder sie genügen dir nicht? Aber leider ist dein Fitnessstudio geschlossen und der Bewegungsmangel attackiert dich ohnehin während der Arbeitszeit? Du kannst nicht warten, bis du abends joggen gehen kannst?

Es gibt durchaus ein paar Möglichkeiten, deinen Fitnesszustand im Homeoffice zu optimieren.

- Was hältst du davon, es einmal mit der guten alten Kniebeuge zu versuchen?
- Wenn du dich schon einmal mit einem Mitglied der Familie althergebrachte Fitnessübungen befasst, kann zu Schwester Kniebeuge auch Bruder Liegestütz kommen. Sehr effektiv!
- Du hast Angst um dein Sixpack? Push-ups sind ein probates Gegenmittel!
- Wenn du im Homeoffice richtig dick verdienst, kannst du dir auch ein Laufband, ein Ergometer, einen Stepper oder ein Rudergerät anschaffen. Zeige dich aber in Meetings nicht unbedingt in Aktion – das nehmen viele deiner Kollegen als angeberisch wahr. Allzu viele Muskelmaschinen könnten auch das Lebensgefühl in deiner Wohnung in eine deutlich andere Richtung beeinflussen.
- Trainiere nie unmittelbar vor einem Meeting! Es ist schon schwer genug, sich über die jämmerlichen Akustiksysteme der Computer mit ihren billigen Mikrofonen verständlich zu machen. Wenn du auch noch völlig außer Atem bist, versteht dich kein Mensch mehr.
- Du magst Fitness light? Schau dir Sportsendungen im Fernsehen an! Wissenschaftlichen Studien der Privatfernsehsender zufolge lässt sich durch das Verfolgen von

sportlichen Veranstaltungen am Bildschirm ein leichter Trainingseffekt nachweisen. Dasselbe gilt für das Tragen aktueller Sportmode und den Verzehr von Proteinshakes ...

- Wenn dir das alles zu aufwendig ist: Mach doch in der Mittagspause oder nach Feierabend einfach mal einen ausführlichen Spaziergang.
- Pro-Tipp: Das sogenannte »einarmige Reißen«, eine Bier-Athlon-Sportart mit Freunden und einem Kasten Bier, trägt nicht wirklich zur Fitness im Homeoffice bei – eher im Gegenteil ...

# Homeoffice privat – Familienangelegenheiten

Man muss nicht immer wieder betonen, dass es über Erfolg, Karriere und berufliche Selbstverwirklichung hinaus Lebenswirklichkeiten gibt, die für dein persönliches Wohlbefinden ausgesprochen wichtig sein können: das Familienleben. Wenn vorhanden, sollte es dir die Kraft für deine harten beruflichen Beanspruchungen geben, kann aber hin und wieder auch jede Menge Ärger machen – speziell im Homeoffice.

## Arbeit oder Partner?

Interessenkonflikte zwischen Arbeitswelt und Lebenspartner sind jedermann geläufig. Gleichgültig, welchen Beruf jemand ausübt: Im Regelfall ist das liebende Gegenüber eifersüchtig auf die viele Zeit, die der Partner/die Partnerin im Büro, im Operationssaal, im Cockpit eines Jets oder als Polizistin auf der Demo oder im Problemviertel verbringt. Das ist fast noch schlimmer, als wenn zum Beispiel der Chefarzt eine Geliebte hätte. Im Homeoffice wird dieses krisenhafte Verhältnis keineswegs besser – die Eifersucht wächst, weil man die Liebe des Partners zum Beruf direkt vor der Nase hat …

*Nah, so unheimlich nah …*

Ach, wie gut tut doch der externe Achtstundentag jeder Zweierbeziehung! Die Abwesenheit von zu Hause für einen längeren Zeitraum, die Arbeitswege mitgerechnet alles in allem zehn Stunden, wirkt wie ein Jungbrunnen für jede Liebe. Wie wunderbar ist es, wenn man nach einem gemeinsamen Frühstück – jeder guckt auf sein Tablet oder in seine Zeitung – einander nicht mehr sehen muss? Wie atmet doch der zu Hause gebliebene Teil der Partnerschaft auf, wenn er der alltäglichen Saftnase des anderen für eine längere Zeit entkommen kann? Wie freut sich der andere Teil der Beziehung, der sich ins Berufsleben stürzen und eine völlig andere Rolle spielen darf als zu Hause?

Wie viele leiden doch im trauten Heim entweder unter einer besonders perfiden Form des Leistungsstresses oder stehen sogar unter der Fuchtel des anderen Partners! Ist der Satz »Schatz, ich gehe jetzt ins Büro!« nicht für beide Teile eine großartige Nachricht?

Ja, der plötzliche Wechsel zu Homeoffice ist schon eine verschärfte Form von Clinch, droht doch eine gesteigerte Version des professionellen Beziehungsnahkampfes völlig ohne Auszeit, wenn man auch noch in einem Schlafzimmer oder sogar in einem Bett nächtigt. Zusammensein 24/7, gefühlt wie 27/10. Viel zu viel plötzliche Nähe, die Wohnung wird kleiner, man rückt sich unangenehm nah auf die Pelle, und das ganztägig – so intensiv nah wie im Homeoffice waren sich manche Paare bestenfalls in der Hochzeitsnacht – da wollte man es so – oder im alljährlichen Urlaub, und da konnte man vor allzu viel Zweisamkeit immer noch an den Strand, in die Berge oder an die Hotelbar fliehen. Im Homeoffice macht manches Paar völlig neue Erfahrungen.

Nicht nur deine Katze fragt sich: Was will der Typ/die Tussi denn plötzlich den ganzen Tag über in meiner Wohnung? Schnell mal den Staubsaugerroboter anmachen, vielleicht löst sich das Problem dann wie von selbst ...

*Die Traumfrau zwischen Aktenordnern*

Man oder frau sieht den Partner in einer Rolle, in der man ihn oder sie bisher noch nie kennen gelernt hat. Erkennt er seine Traumfrau zwischen Aktenordnern wieder? Gefällt der Ritter auf dem weißen Pferd auch als Telefonverkäufer auf dem Küchenstuhl noch wirklich? Man macht schon erstaunliche Beobachtungen an sich und dem geliebten Menschen in der Büroarbeit daheim …

- Es ist verblüffend zu sehen, wie hart dein Lebensgefährte arbeitet – und wie hart er arbeiten kann. Bei der Hausarbeit wird ein derartiges Leistungsniveau nicht erreicht.

- Umgekehrt verlierst du deine Illusionen, wenn du siehst, wie wenig dein Lebensgefährte/deine Lebensgefährtin im Laufe eines Tages erledigt, tatsächlich gar nichts, die faule Socke!

- Oder dein Partner sagt zu all seinen Telefonpartnern »Chef« und lässt sich ohne Widerrede von jedermann herumschubsen. Dir wird plötzlich klar: Du steckst in einer Beziehung mit einem Schleimer, Blender oder Versager! Alles klar, Boss?

- Ebenso überraschend ist es, wenn man den Partner plötzlich in voller Action kennenlernt. Du siehst ihn oder sie in einer aktiven und dominanten Rolle, in der du ihn oder sie zu Hause noch nie kennengelernt hast. Aus der *couch potatoe* wird der *magic operator*. Bewundernswert!

- Schon bemerkt, dass der Partner eine Arbeitsstimme hat – tiefer, fester, bestimmter als seine »private« Stimme zu

Hause? Wo verstellt er sich denn nun – zu Hause oder im Büro?

- Männer sind ganz geschockt, wenn sie sehen, wie ihre Frau bei der Arbeit andere Menschen abbügelt und fertigmacht; von dieser Seite wollen sie die Partnerin eigentlich überhaupt nicht kennenlernen. Schnell kommt die Befürchtung auf, das Dominanz-Virus könnte auch die Partnerschaft infizieren ...

- Unangenehm ist es auch, wenn du bemerkst, dass dein Partner, der in der Personalabteilung arbeitet, die ganze Zeit über Personalmanagementtechniken auf deine Person anwendet und sie letztlich in den letzten Monaten und Jahren schon immer angewandt hat ...

- Du erwischst dich dabei, dass du mit deinem Lebensgefährten/deiner Lebensgefährtin Smalltalk beginnen willst und Sätze von dir gibst, die letztlich nur bei Kollegen richtig ankämen, z. B.: »Mistwetter heute, oder?« oder: »Na, welche großartigen Pläne hast du denn für das Wochenende?«

- Besonders dann, wenn beide Partner im Homeoffice arbeiten, könnten sie feststellen, dass ihnen etwas Existenzielles fehlt: ein Blitzableiter. Im Büro einer Firma gibt es immer irgendeinen sanftmütigen Deppen, auf den man ungestraft seine alltäglichen Aggressionen richten kann: Kollege Leimbeutel hat schon wieder seine schmutzige Kaffeetasse im Konferenzraum stehen lassen! Auch für das Homeoffice wäre es gar nicht schlecht, wenn man einen weiteren Mitarbeiter hätte, auf dem man herumhacken kann. Vorschlag: Im durchschnittlichen Haushalt gibt es immer ein großes Plüschtier, das man an seinen »Schreibtisch« setzen und hin und wieder ordentlich beschimpfen kann. Wie im wahren Leben erträgt Kollege Zottelbär alles stumm und klaglos.

*Sie liebt mich nicht mehr!*

- Eine besonders schräge Richtung nimmt das Verhältnis von Privat- und Arbeitsleben im Homeoffice, wenn eine erotische Komponente zum Tragen kommt. Eine gewisse Eifersucht des einen Partners auf die Arbeit des anderen existiert – wie bereits angesprochen – auch, wenn die Arbeit außer Haus stattfindet. Das Homeoffice macht alles schlimmer: Dann fühlt es sich irgendwie so an, als müsste man dem geliebten Menschen aus nächster Nähe beim Sex mit einem anderen/einer anderen zuschauen. Das ist nur etwas für Voyeure ...

- Abhilfe gibt es für Inhaber von Halbtagsstellen: Einer Partei gehört das Homeoffice vormittags, der anderen nachmittags ...

*Es könnte aber auch ganz anders sein ...*

- Was für ein trauriges Bild, gibt es wirklich nur negative Auswirkungen auf eine Beziehung? Nein, es könnte auch genau das Gegenteil eintreten: Weil das Homeoffice zu einem neuen gemeinsamen Erfahrungsraum werden kann, öffnen sich auch völlig unerwartete Gefühlswelten füreinander. Ihr lernt euch neu kennen – der Firma sei Dank!

## Arbeiten im Kindergarten?

Familie und Homeoffice – passt das zusammen? Darüber solltest du dir im Klaren sein: Ein geordnetes System Familie existiert nicht, das Chaos lauert immer und überall und schickt seine Kundschafter in den Alltag, wann und wo immer es kann. Es versteckt sich an jeder möglichen Stelle in der Wohnung, vom Briefkasten an der Haustür über den Brotkasten in der Küche, sogar im Spülkasten in der Toilette. Und nicht nur dort – es lauert an jedem erdenklichen Ort in jedem Zimmer.

Besonders gefährlich ist es, wenn die Chaosagenten nicht sprechen und nicht laufen können und/oder kleiner als hundert Zentimeter sind: Kinder.

Zumindest in den Vorstellungen ängstlicher Eltern werfen Kinder den Föhn in die Badewanne, trocknen den gebadeten Hamster in der Mikrowelle und fackeln die Garage mit dem Sprit aus dem Reservekanister ab. Glücklicherweise kommt das alles nur sehr selten vor. Und wenn die Kinder dann endlich langsam größer werden, wird alles besser ... glauben nur völlig naive Fantasten. Die unterschiedlichen Phasen des Heranwachsens verursachen jeweils ganz eigene Probleme im Homeoffice. So kann es dir passieren, dass ein Kind im Alter von vier bis fünf Jahren dich eines Morgens fragt: »Mama, wer ist denn der fremde Mann im Wohnzimmer?«, und du musst antworten: »Aber Herzchen, das ist doch dein Vati! Der arbeitet jetzt zu Hause!«

### *Woher kommt denn dieser Fleck?*

Du musst nicht unbedingt Peter Rühmkorfs »Kleine Fleckenkunde« gelesen haben, um zu verstehen, dass verschiedene Substanzen unterschiedlich gefärbte Flecken auf Dokumenten und Urkunden hinterlassen.

»Sagen Sie mal, Frau Gravenstein, was ist das eigentlich für ein brauner Fleck auf der Präsentationsmappe, die Sie mir geschickt haben?«, fragt Herr Pingelmann leicht indigniert. Fleck? Welcher Fleck? Frau Gravenstein hat in Sekundenbruchteilen den Status kurz vor einem Nervenzusammenbruch erreicht. Muss denn im Homeoffice auch wirklich alles schiefgehen? »Äh, wir haben ein Baby und Kleinkinder im Haushalt, Herr Pingelmann, das kann nur ...« Sie stockt und hofft, dass der braune Fleck auf der Mappe für die ungeheuer wichtige Ausschreibung nicht die Folge einer Ausscheidung oder eines Windel-Fails ist. Heiliger Pampereus, mach, dass es ...

»Ich bitte Sie, Herr Pingelmann, das kann nur ...!« Er hört gar nicht mehr zu, sondern setzt jetzt seinen Geruchssinn ein, schnüffelt laut hörbar und prüfend und stellt dann fest. »Maggi! Und ich hatte schon gedacht, es wäre Nutella!«

*Kinder – Fragen über Fragen*

Du weißt wahrscheinlich schon, dass du deinen halbwüchsigen Sohn beim Computerspielen störst, wenn du im Homeoffice arbeitest. Aber immerhin ist dann schon eine Phase erreicht, die man ziemlich leicht managen kann. Vorher musst du – egal, ob Vater oder Mutter – im Homeoffice durch die Phase der nervenden Kinderfragen. Nein, nicht von der Art »Papa, wo kommen die kleinen Kinder her?«, »Mama, warum ist der Himmel blau?« oder »Mama, warum ist der Mann da so dünn und Papa so dick?«. Es geht um einfachere, aber ganz direkte Sachverhalte, um brennende Probleme sozusagen. Denk dir doch schon mal Antworten auf die folgenden Fragestellungen aus:

- »Papa, wann gibt es Essen?«
- »Mama, ich muss mal!«
- »Mama, wann hast du endlich mal wieder Zeit?«
- »Papa, was soll ich spielen?«
- »Mama, wann spielst du wieder mal mit mir?«
- »Papa, warum bist du jetzt immer so genervt?«
- »Mama, wo ist das Klopapier?«
- »Papa, ich versteh meine Hausaufgaben nicht!«
- »Mama, mir ist so langweilig!«
- »Papa, hilfst du mir beim e-Learning?«
- »Mama, warum haben wir kein Klopapier mehr?«
- »Papa, wann gibt es wieder Klopapier?«
- »Papa und Mama, wann ist Corona endlich vorbei?«

*Kinder können ja so kreativ sein*

Ja, es gibt einige Tätigkeiten, die die Kinder vom Homeoffice ablenken, doch sie alle fördern nicht unbedingt den heimischen Frieden. Die lieben Kleinen könnten zum Beispiel den Hund frisieren oder den Hamster tätowieren, Horrorvideos gucken, Knetgummi im Backofen schmoren, mit dem neuen Thermomix aus Marmelade, Katzenstreu und

Waschpulver etwas ganz Tolles kochen, sich mit Mutters Garderobe verkleiden oder mit ihren Kosmetika schminken oder die Aquarienfische für Sushi verwenden. Du als Heimarbeiter brauchst dann vor allem eine entscheidende Eigenschaft: Gelassenheit. Wenn du zwei oder drei dieser kindlichen Schandtaten über dich ergehen lassen kannst, ohne einen Nervenzusammenbruch zu erleiden, solltest du allerdings den Beruf wechseln und eine Kindertagesstätte eröffnen. Hunderte Menschen im Homeoffice in deiner näheren Umgebung würden dir liebend gern ein paar Kinder mehr ins Haus bringen ...

*Full Service 24/7*

Leider zwingt der Nachwuchs seine Eltern auch zum aktiven Handeln: Es gibt eine ganze Reihe von Tätigkeiten rund um die Kinder, die du selber ausführen musst und die dich vom Homeoffice ablenken: Kindergarten- und Schultaschen packen, dabei die Frühstücksbrote und das Trinkpäckchen nicht vergessen, Taxifahrten zur Kindergruppe und zur Schule, zum Musikunterricht und zum Sportverein, Heile-heile-Gänschen-Singen bei kleinen Schmerzen und in die Notaufnahme fahren bei medizinischen Katastrophen, weitere Mahlzeiten zubereiten, die Kinder vor den Fernseher setzen und wieder von dort fortjagen, aufpassen, dass der Computer und das Mobiltelefon nicht die besten Freunde der Kinder werden und so weiter und so weiter. Das alles machst du im Homeoffice mal eben so nebenher. Schließlich kannst du dir ja deine Zeit selbst einteilen.

*Soziales Lernen? Das nervt!*

Kinder sind extrem sensibel für soziale Rollen. Wundere dich nicht, wenn deine achtjährige Tochter dein Verhalten am Telefon nachmacht: tiefere Stimme, Gestik, die ins Leere läuft, weil dich ja keiner sieht, viel zu breit lächelnde Scheinfreundlichkeit. Die Nummer »Mutti am Telefon« kommt großartig auf Geburtstagen und bei Verwandtschaftstreffen an – alle lachen sich kringelig über dich.

*Papa, darfst nur du Arschloch sagen?*

Es gibt Arbeiten im Büro, die kosten dich den letzten Nerv. Die Firma von Herrn Uckelmann hat Streit mit einem Kunden namens Meisenbacher. Herr Uckelmann versucht, sachlich zu bleiben, aber mit der Zeit stellt sich heraus, dass Herr Meisenbacher offensichtlich eine Meise hat – er stellt unmögliche Forderungen. Der fünfjährige Sohn wiederum denkt, es sei der Job von Herrn Uckelmann, seine Kunden telefonisch zu beleidigen. Er lernt ganz wunderbare Schimpfworte, die er auch im alltäglichen Umgang gern benutzt, aber – so die Meinung seines Vaters – nicht benutzen darf. Das erzieherische Ergebnis: »Manno, das finde ich ungerecht, dass du kleinkarierter Korinthenkacker so tolle Wörter sagen darfst und ich nicht!«

*Kinder lieben Onlinekonferenzen!*

Wie bereits gesagt: Wenn Kinder im Haus sind, ist es aus mit der kommerziellen Konzentration. Mit einem untrüglichen Gespür für Business-Chaos toben sie durch die Szenerie in der Business-Küche oder schleichen sich ins Bild, wenn nicht ein erwachsenes Kriseninterventionsteam (Lebenspartner, Hausangestellte) bereitsteht, sie in kritischen Situationen einzufangen und ruhigzustellen. Dabei – und darauf wird hier ausdrücklich hingewiesen – ist der Einsatz von Betäubungsgewehren streng untersagt. Wer käme auch auf die Idee, zu derartigen Maßnahmen zu greifen? Sie wollen doch nur spielen! Unsere kleine Anni denkt zum Beispiel immer, ich würde mit Oma reden, und will ihr immer die neuesten Zeichnungen zeigen …

*Mein neuer Job: Plötzlich Lehrer!*

Kinder sind schon von Natur aus wissbegierig und wollen etwas lernen. Wo also liegt das Problem, den Unterricht in Eigenregie fortzuführen?

Zum Beispiel wollen sie unbedingt wissen, wann der Unterricht endlich zu Ende ist, und unbedingt lernen, den Festplattenrekorder und Mamas Homeoffice-Computer zu bedienen.

Weitere Tipps aus der pädagogischen Trickkiste:

- Methodik, Didaktik, pädagogische Tricks? Guckst du doch einfach mal »School Of Rock« oder »Fack ju Göthe«! Mehr musst du nicht wissen, oder?

- Der Unterrichtsstoff? Kinder stellen jeden Tag Fragen über Fragen. Irgendetwas Brauchbares wird schon dabei sein.

- Woher soll der Lehrkörper das Wissen nehmen, waren sie doch bisher nur Vater und Mutter? Wozu gibt es Wikipedia?

- Nur rückständige Pädagogen organisieren ihre Schüler in Klassen oder Kursen. Das offene Homeschooling-System hat auch Platz für jüngere Geschwister im Schlafanzug und für Opa, der auf einem Morgenspaziergang mal reinschaut.

- Du solltest lernen, Haustiere in den Unterricht zu integrieren. Die haben zwar kein großes Interesse am Unterrichtsstoff, wollen aber immer bei euch sein und oft dasselbe wie die Kinder: spielen!

- Denke auch an Entlastung! Schicke die Kinder nach der dritten Stunde in die große Pause zum Spielen auf die Straße, vergiss aber nicht, sie nach zwanzig Minuten wieder hereinzuholen …

- »Während des Unterrichts wird nicht herumgetobt!« Du solltest lernen, unartige Kinder zu bestrafen. Schicke Störende doch einfach auf die Stille Treppe, dorthin, wo dein Partner verzweifelt versucht, Ruhe für seine Tätigkeit im Homeoffice zu finden.

- Merke dir unbedingt, welches Fach du gerade unterrichtest! Wenn du es nicht weißt, frag deine Kinder!

- Das Internet funktioniert nicht? Kein Wunder, für Mutti (nicht du, Merkel) ist das Internet schließlich Neuland! Dir fehlen außerdem Links zu unterrichtsrelevanten Seiten und, wenn du eine gefunden hast, die Passwörter, um Arbeitsblätter herunterzuladen? Das kriegst du schon geregelt – Millionen anderer Eltern und Schüler in Deutschland müssen damit leben.

- Ach ja, es gibt da noch ein anderes Problem. Du solltest damit rechnen, dass deine Schüler – also deine eigenen Kinder – dich an der Nase herumführen. Sie haben's nämlich drauf mit der Computertechnik und dem Internet, schließlich sind sie *digital natives*. Du kannst dir ziemlich sicher sein: Sie manipulieren dich! Online kursiert die Geschichte von einem achtjährigen Mädchen, das die gesamte erwachsene Umgebung glauben machte, mit ihrem Zoom-Account sei etwas nicht in Ordnung, es gäbe Fehler, die aber niemand beheben konnte. Durch einen Zufall stellte sich heraus, dass das nette Kind selbst dafür sorgte, dass der Distanzunterricht ausfiel. Das Mädchen hatte herausgefunden, dass man Zoom total abschießen kann, indem man sich abmeldet und dann mehrfach Anmeldeversuche mit einem falschen Passwort unternimmt – der Zugang wird für eine gewisse Zeit gesperrt. Ziel erreicht – digitales Schulfrei!

- Hausaufgaben? Strafarbeiten? Fortschrittliche Pädagogen diskutieren die Sinnhaftigkeit beider Maßnahmen. Du solltest dich klar auf die Seite »Abschaffen!« stellen, denn sonst kannst du den Nachmittag und womöglich auch noch den Abend für dich abschreiben …

- Apropos abschreiben: Von Tests oder Klassenarbeiten im Homeschooling hört man hin und wieder, aber nur knapp dreißig Prozent aller Schulen haben einen Netzzugang. Wenn du unbedingt willst, kannst du ja derartige Prüfungsarbeiten zu Hause schreiben. Viel Spaß bei der Korrektur und bei der Vergabe von Zensuren: »Ne Fünf? Mama, das kannst du doch nicht machen! Du versaust mir ja die ganze Karriere!«

- Smartphones sind in deinem Heimunterricht tabu, meinst du? Dann musst du als leuchtendes Vorbild vorangehen und auch dein Handy abschalten oder zumindest stumm stellen – deine Firma wird sich bedanken.

- Leider kannst du dem Homeschool-Unterricht nicht folgen, du musst ja ins Homeoffice …

*Stimmt nicht wirklich: »Es wird besser, wenn sie älter werden.«*

Du arbeitest, sie pubertieren – keine gute Mischung. So zum Beispiel erging es Heiner G. an einem ganz gewöhnlichen Mittwoch, der ein wunderbarer Arbeitstag hätte werden können. Gut, da mussten ein paar lästige Listen erledigt werden, aber Heiner G. hatte das im Griff, das konnte ihm nicht die gute Laune verderben. Dazu brauchte es schon eine familiäre Katastrophe in Form eines pubertierenden Sohnes: Alex G., fünfzehn Jahre alt, hatte gerade die große Liebe seines Lebens verloren – Tine, ebenfalls fünfzehn, gestern noch ein Wesen aus höheren Sphären, heute eine dämliche Kuh, die ihn kalt abserviert hatte und nun mit einem gewissen Achmed aus der Parallelklasse ging. Seinen übermächtigen Frust musste Alex G. irgendwie ausleben. Er saß mit gesenktem Kopf und finsteren Blickes auf dem Sofa im Wohnzimmer, das Kapuzen-T-Shirt über den Kopf gezogen, umwölkt von Rammsteins »Asche zu Asche« auf der Boombox und verströmte dunkle Energie. (Ach, da ist sie also, da hätten die Astrophysiker lange irgendwo im Weltall suchen können!)

Dunkle Energie in einer derart hohen Konzentration, dass alle Zimmerpflanzen der Familie zu welken begannen und der Goldhamster, der ohnehin das reguläre Lebensalter für Goldhamster um Jahre überschritten hatte, an Selbstmord dachte. Nur ein paar Meter neben Alex sein Vater Heiner G. mit verzerrtem Gesicht, hin- und hergerissen zwischen vorheriger Heiterkeit und ansteckender Todessehnsucht und plötzlich befallen von dem Wunsch, diese ganzen Scheißlisten und den Homeoffice-Arbeitsplatz samt vom Arbeitgeber bezahltem ergonomischem Stuhl und dazu noch seinen Sohn und sich selbst in Microsofts Papierkorb zu werfen und final zu entsorgen. Effektive Arbeit im Homeoffice? Für heute abgehakt.

*Warum gibt es noch keinen Homeoffice Rescue Room?*

Warum hat eigentlich noch keine Firma eine Art von schützendem Panic Room für das Homeoffice entwickelt? Eine hermetisch abgeschlossene, schalldichte Zelle, die mit WLAN und Telefonanschluss versehen ist und nur von innen geöffnet werden kann? Für den anspruchsvollen Heimarbeiter gäbe es ein Modell, das mit Passwort gesichert und mit separater Sauerstoffversorgung ausgestattet ist. Eine seitliche Schleuse für Paket- und Lebensmittellieferungen und ein sanitäres Entsorgungssystem unten würden den Menschen im HRR völlig autark machen. In Ruhezeiten – vom Power Nap bis zum veritablen Nachtschlaf – ließe sich der Arbeitsplatz in die Horizontale kippen. So sähe das optimale Homeoffice aus – allzu oft müsste man das System nicht mehr verlassen.

## Haustiere im Homeoffice?

Was macht man mit den Haustieren, wenn es mit dem Homeoffice losgeht? Abschaffen? Auf keinen Fall, denn es ist doch etwas Wunderbares, wenn dir so ein sanftes, schnurrendes Pelzwesen den Arbeitsalltag erleichtert – denkst du zumindest am Anfang deiner Heimarbeiter-Karriere. Dafür sprechen auch die Verkaufszahlen für Jungkatzen und Hundewelpen im Jahr 2020: Tendenz massiv steigend.

Mit der Zeit kommen andere Aspekte in den Fokus ...

*Der Tag braucht Struktur ...*

... und der Hund will Gassi gehen – während jeder Online-Konferenz. Dass der Tag einen geregelten Ablauf haben muss, weiß jedes Haustier, und an eine neue Struktur – Homeoffice eben – gewöhnen sich Haustiere sehr schnell und ordnen sich mit ihren Geschäften perfekt in den Tagesplan ein. So ist das eben: Nach der Mittagspause will Waldi pinkeln gehen, was kümmern den besten Freund des Menschen Telefontermine? Minka wundert sich anfangs noch eine Weile und fragt sich, warum du jetzt so viel Zeit in ihrer Wohnung verbringst, aber schließlich baut sie dich in ihren Tagesplan ein, zum Beispiel als immer verfügbaren Dosenöffner ...

*Das richtige Haustier?*

Menschen in Trendberufen können es sich nicht leisten, mit stinknormalen Haustieren vor die Business-Cam zu treten. Homeoffice mit einer gewöhnlichen Hauskatze und einem Rauhaardackel kann man sich zum Beispiel in der Werbebranche aus Gründen der adäquaten Selbstdarstellung nicht leisten. Zur Imagepflege gehört schon mal eine Trendrasse, ein Parson Russell Terrier oder ein Lagotto Romagnolo. Und bei den Katzen machen sich eine Maine Coon oder eine Norwegische Waldkatze gut vor der Webcam. Das kostet allerdings auch schon mal eine vierstellige Summe. Ein Imageverlust durch einen Feld-Wald-und-Wiesen-Mischling an der falschen Stelle könnte in manchen Tätigkeitsbereichen teurer werden.

Wer zwischen den Bereichen Homeoffice/Karriere und Familie/Freizeit trennen kann und Auftritte der animalischen Hausgenossen vor der Webcam konsequent verhindert, kann sich natürlich auch stinknormale Haustiere anschaffen. Aber auch das Zusammenleben mit Waldi und der Miezekatze ist nicht ohne Tücken …

*Haustiere sind nicht ungefährlich …*

Einige Aspekte der Haustierhaltung im Homeoffice wurden bereits angesprochen, andere Überlegungen sollten aber nicht fahrlässig vernachlässigt werden. Tiere können für das Arbeiten zu Hause tatsächlich auch ein gewisses, nicht zu unterschätzendes Gefahrenpotenzial mit sich bringen.

*Katzen – PrxlM n.mmz plöt?*

Am ungefährlichsten erscheinen auf den ersten Blick Katzen, und sie werden oft leichtfertig in das Heimbüro gelassen – und plötzlich siehst du dich mit ungeahnten Schandtaten konfrontiert: die Katze auf der Tastatur. Muschi verfasst nicht nur wunderbare Dada-Texte, sie löscht auch gern mal die eine oder andere Datei, vor allem die wichtigen. Mit untrüglicher Sicherheit finden Katzen den Platz, der für ihren menschlichen Diener der wichtigste ist – in diesem Fall die Tastatur.

Es kann aber auch sein, dass deine Katze selektiv unter den Gegenständen auf dem Schreibtisch wählt und genau dort zu lagern beschließt, wo deine wichtigsten Unterlagen sind. Merksatz: Was du suchst, ist immer unter der Katze! Oder zumindest sehr oft ...

*Mäuse – der Zahn der Zeit?*

Mäuse, von Familien mit Kindern gern gehalten, nagen alles an. Schriftstücke aller Art, Akten, Handbücher und Prospekte stehen auf ihrem Speiseplan. Alles aus Papier, Pappe und Plastikfolie ist gefährdet. Die wenigsten Firmeninhaber mögen es, wenn ihre Schriftstücke plötzlich ein *Mouse Finish* bekommen, nämlich einen unregelmäßig abgenagten Rand.

Ebenfalls unangenehm – und auch ziemlich überraschend: Mäuseurin auf Schriftstücken kann zu erstaunlichen Ereignissen beim Einchecken auf dem Flughafen führen – sie leuchten unter UV-Licht auf und bringen ihren Besitzer in Erklärungsnöte ...

*Das Schweinchen für unterwegs?*

Auch Meerschweinchen sind begeisterte Nager. Ebenfalls ins Gewicht fällt ihre Vorliebe für dunkle Verstecke. Da kommt es schon mal vor, dass man das eine oder andere Meerschweinchen in der Aktentasche vom Homeoffice in die Firmenzentrale transportiert. Dort mögen alle die niedlichen Puscheltierchen und ihre niedlichen Quiekgeräusche, die in Nullkommanix in der ganzen Firma Karriere als Klingelton machen. Weniger beliebt sind allerdings ihre Hinterlassenschaften: Ähnlich wie auch Kaninchen neigen sie dazu, alles mit kleinen, Kaffeebohnen nicht unähnlichen Geschenken zu bereichern.

*Höllenhunde und Reißwölfe*

Manche Arbeitgeber haben akribisch errechnet, wie viel Arbeitszeit ihnen durch das Rauchen am Arbeitsplatz gestohlen wird. Auch statistische Erhebungen über die Toilettennutzung führten zu niederschmetternden Ergebnissen. Das alles stellen Hunde im Homeoffice in den Schatten: Der durchschnittliche Köter – gleichgültig, ob Mischling oder Rassehund – braucht täglich zwischen 45 und 72 Minuten Aufmerksamkeit, also bezahlte Arbeitszeit, die den Bossen von der Produktivität abgehen. Das Tier muss versorgt, seine Rückstände entsorgt und sein seelischer Zustand durch endlose Schmuseeinheiten stabilisiert werden. Dafür liefern sie ihrem Herrchen das Gefühl, ein guter Mensch zu sein – für den Chef bringt das alles nichts.

Aber Hunde sind nicht immer schwanzwedelnde, jederzeit nette Freunde des Menschen. Sogar schon kleine Hunde können, wenn sie sich aggressionsgesteuert auf Gegenstände stürzen, auf wichtige Unterlagen zerstörerisch wie ein Reißwolf wirken. Große Hunde verschrecken Paket- und Postboten, die ja jetzt in größerer Anzahl ins Haus wollen, weil das kommunikative Aufkommen im Homeoffice deutlich steigt. Außerdem pinkeln sie auch gern mal in Aktentaschen oder auf Sammelmappen, um ihr Revier abzugrenzen – die Hunde, nicht die Postboten.

*Feuchte Freunde?*

Aquarienfische sind weitgehend harmlos, üben nur selten Aktivitäten außerhalb ihres Beckens aus und erscheinen deshalb als ideale Homeoffice-Tiere. Auch ihre Geräuschproduktion – einmal abgesehen von einem sanften, beruhigenden Gluckern, produziert von ihrer feuchten Heimat – hält sich in Grenzen. Zudem kann die richtig gewählte Art von Aquariumsfischen wichtige Aussagen über die Karriere des Heimarbeiters kommunizieren. Teure Kois im Luxusbecken sagen allen Kunden und Kollegen klar und deutlich: Dieser Mitarbeiter ist auf der Erfolgsspur. Ein Becken voller Piranhas hingegen macht allen anderen Mitarbeitern in der Videokonferenz verständlich, dass man es ernst meint und nicht lange fackelt.

*Achtung, Schlaftablette!*

Tatsächlich, es gibt Haustiere, die dein Vorankommen in der Firma dramatisch behindern können. Schildkröten sind so unglaublich langweilige Tiere, dass sie im Homeoffice immer wieder exzessives Schlafbedürfnis bei den Mitarbeitern verursachen, ja, sogar kurzfristige Blitzschlafattacken bewirken können. Allenfalls Mitarbeiter wie Beamte, die Erfahrungen mit dem Schlaf während der Arbeitszeit besitzen, sollten mit so einem Problem konfrontiert werden. Schildkröten gehören bestenfalls ins Kinderzimmer!

*Die rustikale Duftwolke*

Mit Minischweinen im Homeoffice rechnet eigentlich niemand. Umso irritierender wirkt es, wenn plötzlich während einer Videokonferenz ein solches Tier durch den Bildhintergrund huscht. Es fallen dann Sätze wie »Mensch, Walter, dein Hund ist aber fett geworden!« und du musst mitten im schönsten professionellen Gesprächsverlauf in eine umständliche Erklärungsschleife abbiegen. Außerdem verleihen die niedlichen Tiere auf die Dauer dir und allen Objekten im Homeoffice ein eigenes, rustikales Aroma.

*Giftige Schutzmacht*

Reptilien und speziell Schlangen halten sowohl die Mitarbeiter der Chefetage als auch unliebsame Kunden von Besuchen im Homeoffice ab, besonders dann, wenn man ein kurzes Referat über die Giftigkeit der gehaltenen Arten vorträgt. Du solltest allerdings darauf achten, dass die von dir gehaltenen Tiere tatsächlich ungiftig sind – die Berufsgenossenschaft wird Schlangenbisse nicht als Arbeitsunfall anerkennen und sich weigern, die eventuellen Krankenhauskosten im Tropeninstitut zu erstatten.

*Vom Chamäleon lernen …*

… heißt aufsteigen lernen! Diese wechselvolle Tierart führt dem Homeoffice-Mitarbeiter vor, wie er sich unliebsamen Situationen anpassen kann. Dabei gibt es zwei Abwehrstrategien – Schock- oder Tarnfarben. Der Mitarbeiter im Homeoffice wählt meist letztere, wenn es kritisch wird – täuschen, tarnen und verpissen. Außerdem halten Chamäleons mit ihrer langen, schleimigen Zunge das Office frei von Schadinsekten – Insektenspray und Klatsche können in Urlaub gehen. Warum leben eigentlich nicht Millionen von Chamäleons in deutschen Heimbüros?

*Wo Hühner sind, sind auch Mäuse ...*

... Und wo Mäuse sind, sind auch Flöhe, und dann heißt es irgendwann: »Ich habe euch etwas mitgebracht, liebe Kollegen!« Manch ländliche Tierart wird von Flöhen und anderem Ungeziefer begleitet, was das Homeoffice auf dem Lande um eine lästige Komponente erweitert. Imke Landmann zum Beispiel bringt ein paar Exemplare dieser niedlichen kleinen Tiere zwischen Aktendeckeln bei jedem Präsenztermin für die Kollegen mit ins Stadtbüro der Firma ...

Mäuse schredderten außerdem den Geschäftsbericht 2019 der Firma BioOrg24 – Herr Bullerbecke, Buchhalter und Prokurist, arbeitete bisher zwar in der großen Stadt, lebt aber in einem alten Bauernhaus auf dem Lande. Dort hatte er sich sein Homeoffice direkt in der Knechtekammer neben dem Hühnerstall eingerichtet. Und wo Hühner sind, sind auch Mäuse, wie wir ja mittlerweile wissen ...

# Katastrophenpotenzial

Es gibt eine Reihe von Schwierigkeiten, Krisenpunkten und Anfeindungen, die nicht unter den bisher genannten Kategorien einzuordnen sind, die aber helfen, das Homeoffice zu einem einzigen Vergnügungspark, zu einem Abenteuer in den eigenen vier Wänden werden zu lassen ...

## Multitasking im Homeoffice

Es ist schon erstaunlich, was man alles gleichzeitig machen kann. Hier einmal eine Zusammenstellung des Tätigkeitskatalogs im Homeoffice – ein anregendes Sammelsurium in handlichen Tagesrationen, das jeder Heimarbeiter zumindest in Teilen schon selbst kennengelernt hat, das aber für Unternehmer und Auftraggeber besser hinter einem Ereignishorizont verhüllt bleiben sollte wie das Innere eines schwarzen Loches ...

- Jahresbilanz zusammenstellen, Waschmaschine füllen, Geschirrspüler ausräumen, Mittagessen kochen, bei der Gelegenheit den neuen Rotwein probieren, Hausaufgabenhilfe für die Kinder, kurzes Schläfchen auf dem Sofa, Preiskalkulation für die neuen Produkte der Firma

- telefonische Beziehungsberatung für die Freundin/den Freund, Onlinebewerbungsgespräche führen, Börsentipps für den Freund/die Freundin, für die Firma an der Börse handeln, Kaffee/Tee für die Nachbarin kochen, die mal auf einen Sprung vorbeikommt

- den Hamsterkäfig reinigen, die Bilanzen bereinigen, mit dem Hund Gassi gehen, die Rechtschreibfehler im neuen Prospekt der Firma korrigieren, Sex mit einem lieben Menschen, der gerade mal vorbeischaut, den Gasableser und den Fensterputzer reinlassen, den ganzen Business-Kram packen und den Rest der Arbeit auf morgen verschieben

- bis elf Uhr frühstücken, Päckchen für den Nachbarn in Empfang nehmen, den Wareneingang prüfen, beim Arzt anrufen, das Paket aus dem Versandhandel zurückschicken und die zwölf Beschwerdebriefe von Kunden beantworten, die jede Woche anfallen

- Bücher in die Bibliothek zurückbringen, die Sachen aus der Reinigung abholen, schon mal den Wochenendeinkauf erledigen, alles für das Abendessen mit Freunden vorbereiten, dann den Rasen mähen und zwischendurch auch mal immer ein bisschen für die Firma arbeiten, so zehn Minütchen ...

## Lärm von unerwarteter Seite

Hast du auch gedacht, dass du in einem ruhigen Stadtviertel wohnst? Eine allgegenwärtige Kakophonie von Rasenmähern, Küchenmaschinen, trällernden Stubenvögeln, quengelnden Kindern und lautstark erziehenden Eltern, Hobby- und Profimusikanten und der Soundflokati, den die

Besitzer von unglaublich guten Bluetooth-Lautsprechern mithilfe von Spotify erzeugen, ergießt sich über jede größere menschliche Ansiedlung. Und bei dem Krach sollst du jetzt arbeiten!

Die Nachbarn ... eigentlich hatte Frau Stillner sie in der Woche nie bemerkt. Der war z. B. der Rentner mit den Kuhaugen, die er wohl nicht umsonst hatte, denn offenbar mochte er Gras und sammelte passioniert ausrangierte Rasenmäher. Allen Ernstes – Rasenmäher. Er hatte einen ganzen Schuppen mit unterschiedlichen Modellen gefüllt, den für die ganz kurze Wiese und den Naturrasen. Jeder Mäher klang anders, verbreitete zu jeder Tages- und Nachtzeit unterschiedlichen Gestank und besagter Rentner-Nachbar hüpfte wie Rumpelstilzchen immer hinter den jeweiligen Mähern her über die Wiese und freute sich an dem Radau. Die Krone war ein fast antiker Aufsitzmäher, angetrieben wohl von einer Dampfmaschine mit Fehlzündungen und einer Abgasfahne, die erheblich zur Wolkenbildung in der Region beitrug.

Hinzu kam die Opernsängerin, die ihre Stimme regelmäßig in endlosen Koloraturen übte, wenn sie nicht gerade Geigenunterricht für völlig unbegabte Kinder im Grundschulalter gab, die Geräusche produzierten, als quäle jemand ohne jede Gnade Katzen oder Ziegen. Bisher war Frau Stillner immer pünktlich um 7:30 Uhr aus dem Haus gegangen und hatte von der ganzen Dissonanz, der *Sound-Cloud* des Schreckens, nichts mitbekommen, sodass der Rentner sie nur am Wochenende nerven konnte, und – was für ein Segen! – die Opernsängerin arbeitete an Wochenenden nicht. Vermutlich war sie eine beamtete Künstlerin.

Keinerlei Rücksicht auf Arbeiten im Homeoffice nahm auch die turbulente Großfamilie von gegenüber, Menschen voller Temperament, die ihr Herz auf der Zunge trugen, an ihrer Kommunikation voller Harmonie die gesamte Nachbarschaft teilhaben ließen, täglich vierundzwanzig Stunden. Da sie sich aber leider auch häufiger in den Haaren lagen, stürzten sie immer wieder alle Anwohner in eine tiefe Krise. Immerhin lagen sie sich nicht nur in den Haaren, sondern meist kurz darauf auch zum Versöhnungssex in den Betten, was wiederum emotionale und sogar hormonelle Folgen für ein ganzes Stadtviertel haben konnte. Auf jeden Fall gab es Tage, an denen Frau Stillner um siebzehn Uhr völlig fertig ihren provisorischen Schreibtisch, der eigentlich ein Bügelbrett war, beiseiteräumte und Feierabend machte – ohne auch nur irgendetwas Sinnvolles gearbeitet zu haben.

## Gefahren im Homeoffice: Arbeitsunfall?

Für die Sicherheit am Arbeitsplatz gelten ausgefeilte Regeln und präzise Vorschriften. Von oben bis unten, vom Sturzhelm bis zum Sicherheitsschuh, sorgt sich das Gesetz um den Schutz der Arbeitnehmer – nicht aber im Homeoffice. Und die Heimarbeit findet schließlich an einem Ort statt, der zu den gefährlichsten überhaupt gehört: Ungefähr 2,8 Millionen Menschen erleiden jedes Jahr Unfälle im eigenen Zuhause, etwa 8.000 Menschen kommen dabei sogar ums Leben – weitaus mehr als im Straßenverkehr, der durchschnittlich nur etwa 3.000 Menschen dahinrafft. Deshalb: Du solltest wissen, wo die Gefahren im Homeoffice lauern – und wo dich der Gesetzgeber im Stich lässt ...

- Du stolperst auf dem Weg zum Kühlschrank über das Wakeboard deines Jüngsten und brichst dir beim Versuch, dich abzustützen, den rechten Arm. Arbeitsunfall? Keineswegs.

- Auf dem Weg von deinem Homeoffice-Arbeitsplatz zum WC läufst du gegen die Kante der Glastür und beulst dir die Nase ein. Arbeitsunfall? Wege zur Toilette oder zur Nahrungsaufnahme in die Küche gelten als eigenwirtschaftliche Tätigkeiten und sind damit im Homeoffice nicht versichert (vgl. BSG, Urt. v. 06.12.1989, Az. 2 RU 5/89). Das gleiche Gesetz greift übrigens auch im Unternehmen. Keine Sonderregelung für das Homeoffice also.

- Mit dem Drehstuhl auf dem Weg zum Kühlschrank übel gestürzt, weil die alten Socken vom Vortag sich in den Rollen verfangen haben. Arbeitsunfall? Natürlich nicht.

- Aber: Du fällst die Treppe runter, weil du nach dem Router im Erdgeschoss sehen willst, der nicht funktioniert und ohne den du keine Verbindung zum Server der Firma hast – gratuliere, du bist versichert. Ein lupenreiner Arbeitsunfall!

- Wäre dir derselbe Sturz passiert, weil du dem Postboten öffnen wolltest, ließe dich der gesetzliche Unfallschutz im Regen stehen. Sicherheitshalber ist also immer der Router schuld, wenn du die Treppe herunterfällst ...

- Pro-Tipp: Auch im Homeoffice müssen Arbeitsstühle fünf Rollen haben – dein Küchenstuhl hat aber nur vier Beine und gar keine Rollen ...

## Die besten Arbeitsplätze fürs Homeoffice

Klar, du kannst einfach dein Notebook und die Unterlagen auf den Tisch im Esszimmer klatschen und loslegen. Für den Übergang mag das angehen (siehe dazu auch: *Homeoffice kompakt*), auf Dauer braucht aber deine Tätigkeit im Homeoffice mehr Organisation ...

- Im Garten wird ein neues Tiny House nur für das Homeoffice errichtet.

- Der Klapptisch in der Küche wird zum Schreibtisch, weil die Kinder den Esstisch mit ihren Bastelsachen belegen.

- Die Vorratskammer wird zum Minimalbüro. Das Notebook zwischen Putzmittelvorräten, Klopapier, Gurkengläsern und Konservendosen macht sich gut.

- Videokonferenzen finden im Schlafzimmer statt – kein Problem, denn in Zoom gibt es ja virtuelle Hintergründe; allerdings darf man nicht vergessen, noch mal die Einstellungen der Webcam zu checken, bevor man sich abends schlafen legt. Der Hintergrund mag virtuell sein, aber das analoge Geschehen davor wird live übertragen (ja ja, das hatten wir schon, aber manches kann nicht oft genug gesagt werden).

- Keller und Dachboden bieten sich an, verströmen eine heimelige Sperrmüllatmosphäre, brauchen aber gewisse Umbaumaßnahmen ...

- Rein rechtlich darf die Garage nicht als Arbeitszimmer gebraucht werden. Wenn aber sonst kein Platz ist, muss

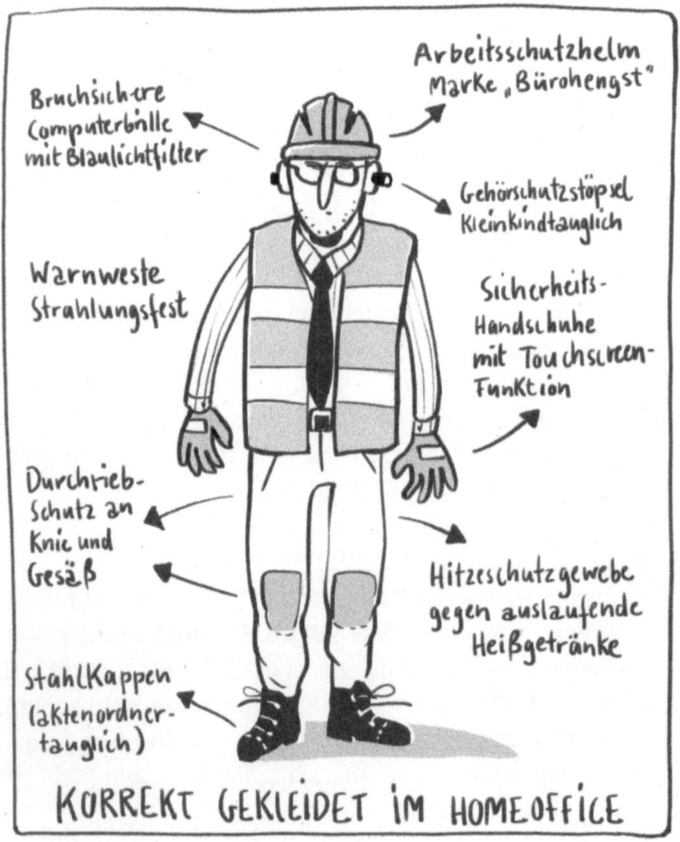
Arbeitsschutzhelm Marke „Bürohengst"
Bruchsichere Computerbrille mit Blaulichtfilter
Gehörschutzstöpsel Kleinkindtauglich
Warnweste Strahlungsfest
Sicherheits-Handschuhe mit Touchscreen-Funktion
Durchrieb-Schutz an Knie und Gesäß
Hitzeschutzgewebe gegen auslaufende Heißgetränke
Stahlkappen (aktenordner-tauglich)
KORREKT GEKLEIDET IM HOMEOFFICE

das Auto eben draußen vor der Tür vor sich hin korrodieren …

## Sätze, die du im Homeoffice gehört haben könntest …

Aus der immerwährenden Sprachwolke, die unseren Alltag umgibt, fallen uns Sätze besonders auf, die mit den eigenen Gewohnheiten und Erlebnissen zu tun haben. Wenn du im Homeoffice arbeitest, wird dich womöglich jedes der folgenden Statements an eigene Erfahrungen erinnern, dich aber möglicherweise auch auf eine zu erwartende Irritation oder sogar eine potenzielle Tretmine hinweisen …

- »Hallo, hallo? Ich kann dich sehen, aber nicht hören.«
- »Nein, ich kann die Kamera jetzt nicht einschalten, ich wollte gerade duschen …«
- »Von wegen Ruhe! Mein Nachbar, der Idiot, mäht schon wieder den Rasen!«
- »Skype, Hangouts oder Zoom?«
- »Entschuldigung, die Verbindung war abgebrochen, kannst du das wiederholen?«
- »Kannst du mich hören? Nein? Ach so, mein Mikrofon ist ausgeschaltet.«
- »Ja, das ist meine Katze.«

- »Nein, das ist nicht meine Katze, die gehört dem Nachbar!«
- »Schön, dass ihr euch so gut versteht, aber ihr solltet vielleicht lieber offline weitermachen …«
- »Ui, hübsch! Ist das deine Freundin da im Hintergrund?«
- »Nein, ich bin schon länger wach. Welcher Tag ist heute?«
- »Ich glaube, so erzielen wir die beste Rendi … Nein, Thorben-Elias, nicht den Hamster in den Thermomix!«
- »Wenn der Chef mich jetzt sehen könnte … Ach so, Sie sind das, Chef! Ich dachte …«
- »Nein, der Mann im Netzhemd ist nicht mein Freund! Das ist … mein Fitnesstrainer!«
- »Du siehst heute so verpixelt aus. Bist du das, oder ist deine Kamera kaputt?«
- »Sorry, dass ich kein Bild habe. Mein Sohn hat gestern die Webcam im Aquarium getestet.«
- »Video oder nur Audio? Besser nur Audio, meinst du?«
- »Du siehst schlecht aus. Du hattest sicher ein tolles Wochenende!«
- »Ich mache jetzt Mittagspause. Ruf mich so gegen … 15:30 Uhr wieder an.«

- »Wenn der Chef wüsste, was ich heute anhabe ...«
- »Das ist kein neues Muster – das sind Schokostreusel auf der Projektmappe!«
- »Das ist kein Blut auf der Projektmappe – das ist Soße von der Currywurst!«
- »Das ist keine Currysauce auf der Projektmappe – das ist Senf!«
- »Das ist kein Sekundenkleber auf der Projektmappe – das ist ... das willst du gar nicht wissen!«
- »Also, ich gehe jetzt zur Arbeit, Kinder. Oops, schon da!«
- »Ich sehe nicht schlecht aus, das ist die Kamera!«
- »Du hattest Curryhuhn zum Mittag!« – »Richtig, woher weißt du das?«– »Frag deine Krawatte!«
- »Oh, es hat an der Tür geklingelt, bin gleich wieder da.«
- »Ist das dein Onlinepulli? Den hattest du gestern auch schon an.«

## Paketstation total privat

Es ist schon schlimm genug, wenn du ein wichtiges Telefonat unterbrechen musst, weil der Postbote klingelt. Die Alternative wäre, dass du in deinem Briefkasten einen mehr oder weniger lesbaren Zettel vorfindest, der dir mitteilt, dass die lange erwarteten Vertragsunterlagen oder der Einschreibebrief vom Finanzamt in der ungefähr 12,5 km entfernten Postfiliale in Klein Pilzbachhausen abzuholen ist, das jeweils dienstags und donnerstags zwischen 14:15 Uhr und 15:30 Uhr geöffnet hat.

**Es kann aber noch schlimmer kommen.**

Im Grunde ging alles blitzschnell: Als der neue junge Postbote herausgefunden hatte, dass Herr Nothaber zu Hause arbeitete, wurde er innerhalb von wenigen Tagen zur natürlichen Anlaufstelle für Paketpost im ganzen Viertel. Offenbar war in dieser Gegend tagsüber kein Mensch zu Hause – nur Herr Nothaber. Die Bewohner des Viertels waren glücklich, nun nicht mehr ihre Lieferungen in der Postfiliale abholen zu müssen. Zwar gab es eine solche, doch die war auch ein Schreibwarengeschäft, eine Schusterwerkstatt, eine Lottoannahmestelle und ein Verkauf für Konzertkarten, und der Inhaber betrieb im Hinterzimmer eine Finanzberatung für Hochrisikoinvestitionen und den Handel mit Derivaten, sodass die Schlange vor dem kleinen Ladengeschäft manchmal bis auf die Straße hinausreichte.

Für den Paketboten funktionierte alles ganz wunderbar – weniger angenehm verlief die Sache für Herrn Nothaber. Mit der Anlieferung der Pakete gab es keine nennenswerten Schwierigkeiten. Klingeln – einen Moment warten – Herrn Nothaber begrüßen – einen Satz mit »Leider habe ich nichts für Sie, aber ...« beginnen und dann aufzählen, wer von den nahen und etwas entfernteren Nachbarn denn nun Paketpost bekommen hatte. Die Pakete im Hausflur stapeln – fertig! So weit, so gut.

Was nicht funktionierte, war die Abholung der angelieferten Pakete – schon nach kurzer Zeit hatte Herr Nothaber Schwierigkeiten, seinen Hausflur zu durchqueren. Wenn mal der eine oder andere Nachbar ein Paket abholte, war es meist ein unbedeutendes, kleines, das nicht allzu viel Platz beansprucht hatte, während die ganz großen Kisten, diese Container, die vermutlich amerikanische Kühlschränke und Großplastiken für den Garten enthielten, so gut wie nie abgeholt wurden.

Hinzu kam, dass einige Behälter einen scharfen Geruch nach Chemikalien verströmten, während andere ihre nähere Umgebung eher mit organischen Gerüchen erfüllten. Besonders ein Paket, das seiner Beschriftung nach offenbar aus Pont l'Evêque in der Normandie kam, bereicherte Herrn Nothabers Wohnung um ein mehr als deutliches Käsearoma.

Herr Nothaber stand nun vor der Entscheidung, entweder einen eigenen Auslieferungsdienst einzurichten oder eine Lagerhalle anzumieten. Lieferungen, die länger als vier Wochen nicht abgeholt wurden, stellte Herr Nothaber in einer Art Wundertütenlotterie ungeöffnet bei Ebay ein: Paket, 60 x 70 x 90, Gewicht 16 kg, Inhalt unbekannt, Mindestgebot 29 €.

Die ganze Situation hatte dennoch keine gute Prognose, denn dem eigentlichen Grund, weshalb Herr Nothaber zu Hause blieb, wurde in keiner Weise Rechnung getragen. Er verbrachte seine Tage mit allen möglichen Tätigkeiten, nur eines tat er nicht: für seine Firma im Homeoffice arbeiten.

Aber dann ereignete sich ein Wunder. Es geschah telefonisch: »Walter, ich brauche dich hier im Büro – sofort!« Der rettende Engel war Walter Nothabers Chef, dem er gar nicht genug danken konnte: »Oh Herr, du hast mich zu dir gerufen!«, bedankte er sich in einem Stoßgebet, und am nächsten Morgen reagierte niemand, als der Postbote klingelte, um Pakete für die Nachbarn abzugeben. Irritiert sah er sich um und entdeckte direkt neben der Klingelleiste eine in schwungvoller Handschrift geschriebene Nachricht: Pakete bitte bei den Nachbarn abgeben, vielen Dank! Gez. Walter Nothaber.

Seither ist die Schlange vor der Postfiliale, die auch ein Schreibwarengeschäft, eine Schusterwerkstatt, eine Lottoannahmestelle und ein Verkauf für Konzertkarten ist und deren Inhaber im Hinterzimmer eine Finanzberatung für Hochrisikoinvestitionen und den Handel mit Derivaten betreibt, wieder deutlich länger geworden.

## To work from home or not to work from home – that's the question!

Es ist schwierig, eine klare Position zum Homeoffice zu finden. Was für die eine Mitarbeiterin eine Verbesserung ist, lehnt der andere aus ganz und gar unterschiedlichen Gründen ab.

*Klare Vorteile der Heimarbeit*

- Du kannst arbeiten, wann du willst, volle vierundzwanzig Stunden am Tag, und so kannst du auch nächtliche Phasen der Schlaflosigkeit nutzen.

- Nirgendwo schmeckt der Kaffee besser als zu Hause.

- Der Weg zur Arbeit ist der kürzeste überhaupt mögliche.

Dennoch reißt die Diskussion nicht ab, du kannst dich so oder so entscheiden:

- Die Belegschaft hat zum Beispiel vorgeschlagen, den Chef ins Homeoffice zu schicken. Er hat abgelehnt. Schade, ohne ihn ginge es im Büro viel entspannter zu.
- Der Chef ist gegen Homeoffice für sein Sekretariat, weil der Homeoffice-Drucker beim Angestellten zu Hause die Firmenpost nur noch in Magenta ausdruckt ...
- Der Chef ist gegen Homeoffice, weil seine Mitarbeiter dann den ganzen Tag im Internet surfen, Kaffee trinken und sich gegenseitig alberne Mails mit Katzenbildern schicken. Wo ist das Problem? Wer sagt es ihm? Das machen wir doch in der Firma genauso!
- Die Verlagsmitarbeiterin plädiert mit Begeisterung für das Homeoffice, weil sie ihre Texte dann im Bett korrigieren kann.
- Die Angestellten einer anderen Firma sind gegen Homeoffice, weil sie zu Hause keine Stechuhr haben und deshalb nie genau sagen können, wann Feierabend ist ...

## Berufe, die kein Homeoffice praktizieren können oder sollten

Es liegt auf der Hand, dass nicht alle Berufe die Möglichkeit der Arbeit zu Hause bieten können. Was für manche geht, verbietet sich für andere schon von der Sache her ...

- »Überall das viele Blut ... und die Knochen ...« (Metzger)
- »Überall das viele Blut ... und die Flecken auf dem Teppich ...« (Chirurgin)
- »Ich brauche viel Platz in der Tiefkühltruhe ...« (Pathologe)
- »Heute lehren wir nur virtuell.« (Universitätsprofessorin)
- »Das war vielleicht ein Ding, damals in Tschernobyl!« (Sicherheitschef eines Atomkraftwerks)
- »Heute leeren wir nur virtuell – den Papierkorb auf Ihrem PC!« (die städtische Müllabfuhr)
- »Ich hasse es, zu Hause zu arbeiten!« (Schornsteinfegermeisterin)
- »Ich liebe es, zu Hause zu arbeiten, aber meine Frau ist dagegen!« (Gynäkologe)
- »Würde ich nur ungern machen!« (Feuerwehrmann)
- »Oh, Flug 610 ist abgestürzt? Tut mir leid, ich musste gerade mit dem Hund raus!« (Fluglotsin)
- »Zur Beichte? Bitte in die Abstellkammer!« (katholischer Pfarrer)
- »Ich blitze jetzt immer vom Balkon aus!« (Verkehrspolizistin)

- »Ich gebe jetzt Onlineputzkurse!« (Reinigungskraft)
- »Meine Familie ist olfaktorisch blind, seit ich Homeoffice mache!« (Parfumeur)
- »Sie haben zwei Postkarten und eine Mahnung. Ich lese dann mal vor!« (Postbotin)

# Die Rückkehr

Irgendwann ist es womöglich aus und vorbei. Der paradiesische Zustand – oder waren es eher Tage voller Qualen? – wird beendet, das Homeoffice zieht wieder um in die Firma. Du wirst einige Veränderungen bemerken, die dir ganz schön auf den Geist gehen werden, z. B. verlierst du jeden Morgen dreißig bis sechzig Minuten Schlaf – die brauchst du nämlich für den Weg zur Arbeit (wenn du ein Hyperpendler bist und jeden Morgen im Stau stehst, natürlich noch länger). Du musst wieder weitere dreißig bis sechzig Minuten in Kleidung und Styling investieren, je nachdem, wie viel Wert du auf dein Äußeres legst.

Zum ersten Mal wieder im Büro angekommen, musst du die ganzen Pappnasen, deren Anblick dir über Wochen oder Monate erspart geblieben ist, begrüßen, als hättest du sie vermisst. Ach so, du hast sie tatsächlich vermisst, die lieben Kollegen? Noch immer dieselben, abgegriffenen Scherze …

Und jetzt sitzt du wieder an dem alten Schreibtisch, der Stuhl unter dir macht noch immer so merkwürdige Geräusche, wenn du dich drehst, es umfängt dich diese murmelnde, menschelnde Büroatmosphäre, viel zu warme, elektrisch aufgeladene Luft … Hin und wieder erreicht ein ferner Klingelton deine Ohren, und er kommt dir vor wie der Gesang von Vögeln in der Morgendämmerung. Der Duft einer ganz bestimmten Sorte Kaffee erreicht deine Nase. Irgendwie fühlst du dich jetzt … du weißt nicht so genau, wie … seltsam …, … als kämest du wieder – nach Hause?

# Homeoffice-Scherze

- Wenn Studenten es Homeoffice nennen, wenn sie nicht zur Uni gehen, haben sie ein weitaus weniger schlechtes Gewissen.
- Das motivierende Mantra im Homeoffice: Jetzt aber los!
- Beamte im Homeoffice: Sie schlafen zu Hause.
- Homeoffice mit vier Buchstaben: SOFA

## Alle im Homeoffice

- Alle machen Homeoffice. Nur nicht Irma, die schläft in der Firma.

- Alle chatten online im Homeoffice. Nur nicht Bernd, den haben sie entfernt.

- Alle drucken zu Hause. Nur nicht Finn – der kriegt das nicht hin.

- Alle Heimarbeiter sehen online toll aus. Nur nicht Thorsten, der hat zu viele Borsten.

- Alle Heimarbeiterinnen sehen online toll aus. Nur nicht Inge, die hat Augenringe.

- Alle sind immer und überall erreichbar. Nur nicht Mandy, die hat Wasser im Handy.

- Alle sind mit dem Job schon fertig. Nur nicht Paul, der war zu faul.

- Alle arbeiten im Team. Nur nicht Kalle, den mobben alle.

- Alle halten die Termine ein. Nur nicht Ella, die anderen waren schneller.

- Alle sind online. Nur nicht Greta, die begreift das erst später.

P.S.: Noch ein letzter Hinweis, den Rest schaffst du allein:

*Malen, kritzeln, schreiben: So macht Ihr Job wieder Spaß!*

Stéphane Ribeiro
KRITZEL DIR DIE ARBEIT SCHÖN
Ein Malbuch für alle, die im Irrenhaus arbeiten
Aus dem Französischen
112 Seiten
mit Abbildungen
ISBN 978-3-404-60940-6

Absurde Arbeitsabläufe, nervtötende Meetings oder ein Chef, der dir den Urlaub streicht: In solchen Momenten ist es Zeit für eine Kritzelpause. Anstatt dem Boss die Kündigung auf den Tisch zu knallen, zeichne ihn in ein Fadenkreuz und bewirf ihn mit bunten Textmarkern. Anstatt den Computer aus dem Fenster zu befördern, mal, was du siehst, wenn du an ihm vorbeischaust - und ergänze notfalls ein paar aufmunternde Dinge. Und anstatt dich über tratschende oder intrigante Kollegen aufzuregen, notiere zehn Sachen, die du in deinem Leben noch machen willst und setze zu jedem Punkt eine Deadline.

Lübbe

*Abenteuer Deutsche Bahn – der ultimative Überlebensführer mit Guter-Laune-Garantie*

Mark Spörrle / Claas Tatje
TSCHUSING DEUTSCHE BAHN TODAY
Klimafreundlich reisen, ohne wahnsinnig zu werden
272 Seiten
ISBN 978-3-431-05015-8

Im Jahr 2030 soll die Deutsche Bahn doppelt so viele Fahrgäste transportieren wie 2015! Ernsthaft? Wird dann alles noch chaotischer? Wie kommt man künftig an einen Sitzplatz? Und wird jemals ein Zug in der richtigen Wagenreihung einfahren? Die Bahnvielfahrer Mark Spörrle und Claas Tatje verraten nicht nur, wie man sich dann in vollen Zügen durchschlägt und wieso Zwischenwagenbereich und Toiletten schmählich unterschätzt werden, sondern auch, wie sehr sich die Bahn in den nächsten Jahren verändern wird und warum Zugfahren helfen kann, unser Klima zu retten.

Lübbe